神カクテル300

基本法則と黄金レシピで「テキトー分量」でも鬼ウマ!

著・マスターイエツネ

KADOKAWA

はじめに

「カクテル作りを始めたい。でも、何から始めていいか、わからない」

「シャカシャカやってみたいけど、道具とか揃えるのが、メンドくさそう」

「ちょっと始めたことあるけど、忙しくて、最近は全然作ってない」

「たまに作るけど定番ばかりで、他のものにチャレンジしたい」

「よく作るけど、もっと美味しく作りたい。レシピも増やしたい」

本書は、そんな初心者や経験者に幅広く満足してもらえるよう作ったカクテルレシピ集。コンセプトは「手間は最小限に、美味しさは最大限に」。どんなレベルの人でも、「挫折しないで、カクテルをより楽しめるように」想いと工夫を詰め込んで執筆しました。

はじめまして。今治の「Cocktail Bar ANCHOR」でバーテンダーを務め、YouTuberとしても活動させていただいている、マスターイエツネです。

僕がYouTubeチャンネル『プロのお酒塾 マスターイエツネ』を立ち上げたのは、2020年9月。つまり、コロナ禍の真っ只中。

外で飲み歩くということがなかなかできない状況となり、家飲みをする方が増えた時期でした。そんなとき、常連のお客さんから「家で飲むようにしたけど、何を飲んでいいかわからない」という声があったので、僕はいくつか簡単なレシピメモを渡しました。「美味しかった」という言葉を期待したのですが、「ようわからんかった」という言葉が返ってきました。

そこで僕が作っている動画を撮って送ると、「これならわかりやすい」と、みんなが喜んでくれました。それをきっかけにYouTubeチャンネルに発展していき、今では登録者が13万超。自分でもビックリするくらい、たくさんの方に見ていただけるようになっていきました。

でも、残念なこともありました。喜びの声と同時に、「始めたいけど、始められない」という声も、多く届くようになったのです。

その理由を突き詰めると「ハードルの高さ」にあると、僕は思いました。道具やお酒を揃えたり、レシピを覚えたりするのが「難しそう」と言うのです。それは1000%、間違いです。僕はカクテル作りほど「ハードルの低い」ものはないと思います。

道具なんて百均でOK。お酒も、基本的なものは近所のスーパーで集められるでしょう。レシピも「基本法則」さえ押さえれば、100種や150種と自然に覚えていきます。

もちろん、本書には「分量」も書いてありますが、あくまで僕の場合であり「目安」。縛られなくていいのです。お酒の組み合わせを変えたり、割材の

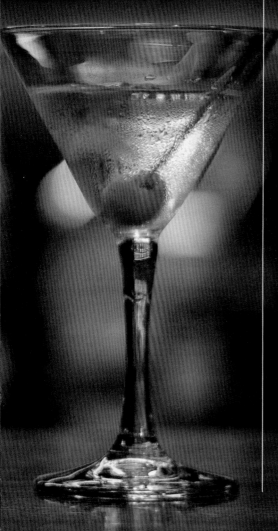

分量を変えたりすることで、カクテル作りは無限に広がっていきます。自分の好みにレシピを変えてしまってOKなのがカクテル。

　まずはレシピ通りに作ってみて、「もっと甘さが欲しい」と思ったら、甘い材料を増やせばいい。もっとさっぱりしたいと思ったら、さっぱりした材料を増やせばいい。どんどん自由にアレンジしていきましょう。

「自由と言われると、逆に困る」
そんな人もいるでしょう。ご安心ください。本書には「黄金レシピ」も掲載しておりますから。いわゆる、テッパンの組み合わせ。これさえあれば、「テキトー分量」でも鬼ウマで作れます。

「カクテル作りって、テキトーでいいの？」

　と思ったあなたに、ズバリ言いましょう。テキトーでいいんです！

　いや、もちろんプロになりたいというなら、「カクテルなんてテキトーっす」とは、言えませんよ。でも、家で楽しむ分にはいいじゃありませんか。

　カクテルを「ごたいそうなもの」に奉りあげてはいけません。カクテルは人が楽しむためのもの。人が「主」。カクテルは「従」。自分流にアレンジして、それが美味しいと思えば、自分にとってはそれが正解。家族や友人、恋人など、大切な人の好みに合わせてレシピを変えて、その人好みの一杯を作れたなら、それが正解。

　今日は早めに仕事を切り上げて、百均とスーパーに寄ってみませんか。
そして、今日からシャカシャカしちゃいませんか。

マスターイエツネ

百均シェイカーと 3種のお酒から始められる カクテル作り

百均シェイカー

▲カクテルシェーカー　約300ml（440円）

3種類のお酒

スピリッツ、リキュール、ウイスキー。3種類のお酒をベースにすれば多くのカクテルを作ることができる

　自分でカクテルを作ってみたいけど、何から始めればいいのかわからない。そんな方も多いのではないでしょうか？

　難しく考える必要はありません。まずはお手軽に、お気軽に始めてみてはいかがでしょうか。シェイカーは百均（DAISO）のものでも十分に対応可能ですし、主にベースとなる3種類のお酒（スピリッツ、リキュール、ウイスキー）があれば、お好みの割材を使って、自分好みのカクテルを作ることができます。

　スピリッツって何？　リキュールとは？　ビルドやステアって何のこと？カクテルに関しては深く知ろうとすればするほど、難しく感じることもあるかもしれません。

　でも、そんな心配は不要です。本書を読み終えた後には、見違えるほどカクテルの知識と作り方が身についているはずです。迷わずいけよ、いけばわかるさ。気軽にカクテル作りを始めてみましょう。

＼ 他にもあると便利な百均グッズ！ ／

ミニトング（110円）
フルーツを飾ったり、搾ったりする際に使用します

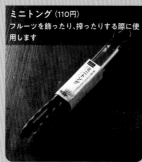

ボヘミアダイヤ冷酒グラス 50ml（220円）
ショットカクテルを飲むときにオススメです

しょうゆスプレー クリア80ml（110円）
好きなアロマやリキュールで香りづけする際に、ひと噴きかけると良いでしょう

ミニ計量カップ（110円）
カクテル用のメジャーカップの代わりに利用しましょう。上からもメモリが見えて使いやすいです

ステンレス手付茶こし（110円）
シェイクをすると細かな氷が出て味が薄まってしまうので、それを取り除くために茶こしを使います。シェイカーのドリンクを茶こしの上からグラスに注ぎましょう

木柄アイスピック（110円）
家庭用の製氷機で作った氷だとカクテルが美味しくないので、コンビニなどで購入した氷をアイスピックで下して使用しましょう

カプチーノミキサー（110円）
サワー系カクテルを作る際、卵白などシェイクが大変なものはミキサーを使うのがオススメです

クラフトはさみ（110円）
レモンピールなどを飾るとき、これを使って切るとギザギザになって、プロっぽく見えます

アイストング（110円）
氷を入れるときに使います。家なら手づかみでも……と思うかもしれませんが、衛生面も考えてトングを使いましょう

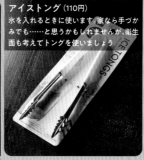

ボトルオープナー（110円）
これ一つあれば、いろいろな瓶のフタを開けられます

ステンレス製マドラースプーン 20㎝（110円）
バースプーンの代用品です。ビルドカクテルを作るときに使用します

※掲載している価格は税込。
※店舗によって品揃えが異なり、在庫がない場合がございます。
※掲載商品については予告なく廃盤、仕様変更等が発生する場合がございます。予めご了承ください。

DAISO = https://www.daiso-sangyo.co.jp

CONTENTS

はじめに ——————————————————————————— 002

Chapter *0* 百均シェイカーと３種のお酒から —— 004
始められるカクテル作り

カクテル INDEX ————————————————————— 009

Chapter *1* ゼロからわかる！ —— 025
カクテル基礎知識

・カクテルとは？ ——————————————————————— 026
・４大スピリッツとは？①ジン②ウォッカ③ラム④テキーラ —— 027
・リキュールとは？ ————————————————————— 031
・カクテルの手法！ ————————————————————— 032
・カクテルレシピを覚える法則 ————————————————— 034
・これで完璧！　絶対に美味しくなる黄金レシピ ———————— 036
[Column 1]　バーの歴史や特徴を知ろう ——————————— 042

Chapter *2* 「映え」と「手軽」が両立！ —— 043
秘密のマスターオリジナル

・マスターカクテル　全24種 ————————————————— 044
・マスターのお気に入りトップ10 ———————————————— 068

Chapter **3**　1分もかからずできちゃった！
瞬殺簡単ビルド ───── 073

・ビルドカクテル　全115種 ───────────── 074
[Column 2]　初めてのバーでの失敗回避マニュアル ───────── 132

Chapter **4**　自分、9割増しでカッコ良くない？
今日からできるシェイク ───── 133

・シェイクカクテル　全64種 ───────────── 134

Chapter **5**　混ぜ方でココまで違うの？
悩殺昇天ステア ───── 167

・ステアカクテル　全20種 ───────────── 168
[Column 3]　マスターHISTORY ～前編 ───────── 178

Chapter **6**　一手間かかるけどウマいから許す！
珠玉のブレンドレシピ ───── 179

・ブレンドカクテル　全8種 ───────────── 180
[Column 4]　マスターHISTORY ～中編 ───────── 184

CONTENTS

Chapter *7* 翌日、二日酔い必至？
高度数邪道カクテルから王道ノンアルまで ── 185

・キレイ目カクテル　全8種 ───────────── 186
・激酔いカクテル　全10種 ───────────── 191
・ショットカクテル　全9種 ───────────── 196
・ノンアルコールカクテル　全10種 ─────── 201
[Column 5]　マスターHISTORY ～後編 ──────── 206

Chapter *8* 目を閉じればソコは…
有名店ワープ体感オリジナル ── 207

・有名店のカクテル　全22種 ─────────── 208

おわりに ──────────────────────── 220

カクテルINDEX

本書で紹介しているカクテルを写真とベースで紹介。
好きなお酒のベース、見た目が気になるカクテルを探してみましょう。

ジン
ベース ▶▶

P 044 アンカージントニック	P 060 大島ギムレット	P 065 世界2位のジントニック	P 066 イチゴとマスカルポーネの液体窒素カクテル
P 070 キウイマティーニ	P 074 ジントニック	P 074 ジンバック	P 075 ジンリッキー	P 075 ジンライム
P 076 ネグローニ	P 076 ジン&イット	P 077 ガルフブリーズ	P 077 ドッグスノーズ	P 078 ニンジャ・タートル
P 078 ブラッディ・サム	P 134 ホワイトレディ	P 134 ブルームーン	P 135 ピンクレディ	P 135 ギムレット

P 136	P 136	P 137	P 137	P 138
アラウンド・ザ・ワールド	青い珊瑚礁	メキシカーノ	ロリータ	會舘ジンフィズ
P 138	P 168	P 168	P 169	P 169
５５１７	マティーニ	パパティーニ	トリニティ	ローザ
P 170	P 170	P 186	P 186	P 190
フレイム・オブ・マティーニ	ピカデリー	シティーコーラル	スプリングオペラ	ガルフストリーム
P 191	P 194	P 208	P 208	P 209
アースクエイク	グリーンアラスカ	ニュージャックジントニック	マリーゴールドと麦わら帽子のジントニック	マティーニ・ジンソニック
P 209	P 210	P 210	P 211	P 211
メロンクリーム・ジンソニック	トンカ＆コーヒー・トニック	ピーチメルバ＆ビーツ・トニック	柚子と抹茶のジントニック	バンブーシェリー・トニック

P 212 アドーラブル	P 214 ビーズニーズ
P 216 ドゥーワップ・ジャスミン・パンチ	P 218 ニュージャックサワー
P 219 ミチョプール	

ウォッカ
ベース
▶▶

P 067 キウイとグレープフルーツの液体窒素カクテル	P 068 ズブロッカトニック
P 071 エスプレッソマティーニ	P 072 コスモポリタン

P 079 グレイハウンド	P 079 ソルティ・ドッグ
P 080 ゴッド・マザー	P 080 スクリュードライバー
P 081 ハーベイウォールハンガー	

P 081 ケープ・コッダー	P 082 ブラック・ルシアン
P 082 ホワイト・ルシアン	P 083 ブラッディ・メアリー
P 083 モスコミュール	

P 139 カミカゼ	P 139 シーブリーズ
P 140 セックス・オン・ザ・ビーチ	P 140 バラライカ
P 141 雪国	

\ カクテルINDEX /

P 141 ブルーラグーン

P 142 アルカディア

P 142 セックス・イン・ザ・ウッズ

P 143 クアルード

P 143 エスポワール

P 171 ツァリーヌ

P 171 ファンキー・グラスホッパー

P 172 ブルードルフィン・マティーニ

P 182 FBI

P 195 ウォッカアイスバーグ

P 197 ウー・ウー

ラム ベース ▶▶

P045 トレジャーモヒート

P 048 オチ・エスプレッソマティーニ

P 050 どら焼きネグローニ

P 068 ジャマイカジョー

P 071 モヒート

P 084 キューバ・リブレ

P 084 ラム＆パイン

P 085 トロピカル・ゴールド

P 085 ラウンジ・リザード

P 086 ボグ・フォック

P 086 ウィンドワード・アイランド

P 087 カン・チャン・チャラ

P 087 ブラックローズ

ソルクバーノ	ホット・バタード・ラム	XYZ	キューバン	コーラル
P 088	P 088	P 144	P 144	P 145
ミリオネーア	ハバナ・ビーチ	トワイライトゾーン	エル・プレジデント	グリーン・アイズ
P 145	P 146	P 146	P 172	P 180
フローズン・ダイキリ	フローズン・バナナダイキリ	アマレット・ピニャコラーダ	スカイダイビング	ダイナマイトコーク
P 180	P 182	P 183	P 189	P 192
ゾンビ	ジャック・ター	トロピック・コラーダ	テキーラ ベース ▶▶	みかんマルガリータ
P 192	P 193	P 216		P 059
エル・ディアブロ	テキーラ・サンライズ	ブレイブ・ブル	TVR	ティファナ・スクリュー
P 089	P 089	P 090	P 090	P 091

| P 091 | P 092 | P 093 | P 093 | P 147 |
| テキーラ・ハイランダー | テコニック | テキーラ・サンストローク | コロナスラム | マルガリータ |

| P 147 | P 148 | P 148 | P 149 | P 149 |
| マタドール | エバー・グリーン | モッキンバード | スローテキーラ | アイスブレーカー |

| P 150 | P 150 | P 151 | P 151 | P 173 |
| コンテッサ | ティファナ・チェリー | マジック・バス | イブズ・ピーチ | ピカドール |

| P 181 | P 181 | P 183 | P 189 | |
| テキーラ・サンセット | フローズン・マルガリータ | マンゴー・マルガリータ | プールサイド・マルガリータ | |

ウイスキー
ベース

▶▶

| P 047 | P 057 | P 062 | P 094 | P 094 |
| ウイスキーPOMサワー | フォーギブン | 猫ハイボール | ウイスキーハイボール | オールドファッションド |

P 095	P 095	P 096	P 096	P 152
ミント・ジュレップ	サゼラック	マミー・テイラー	パープル・フェザー	チャーチル
P 152	P 153	P 153	P 154	P 154
ニューヨーク	ハイハット	シャムロック	ロンリーハーツ	ノルマンディー・ジャック
P 155	P 155	P 156	P 173	P 174
アルフォンソ・カポネ	ウイスキー・サワー	ハリケーン	オールド・パル	キスミー・クイック
P 174	P 175	P 187	P 213	P 219
マンハッタン	ロブ・ロイ	ブルー・ブレイザー	ブッダ・ブランド・ニュー・ファッション	The Two Pistols（二丁の拳銃）

ブランデー
ベース
▶▶

P 097	P 097	P 098	P 098
ダーティー・マザー	フレンチコネクション	ハルク	ファジーブラザー

\カクテルINDEX/

P 099 ジョセフィーヌ・ ルージュ	P 099 バナナ・ブリス	P 100 フレンチ・ エメラルド	P 100 スノーマン	P 156 サイドカー
P 157 キューバン・ カクテル	P 157 アレキサンダー	P 158 スティンガー	P 158 オリンピック	P 159 チェリー ブロッサム
P 159 ビトウィーン・ ザ・シーツ	P 160 ジャック・イン・ ザ・ボックス	P 160 ピスコ・サワー	P 161 エッグサワー	P 175 ブランデー カクテル
P 176 コープス・ リバイバー	P 196 ニコラシカ	焼酎 ベース ▶▶	P 101 焼酎ブルー	P 101 アン・スイート・ メモリー
P 102 焼酎ホワイト	P 214 ミルクパンチ	日本酒 ベース ▶▶	P 102 サムライ・ロック	P 103 ブラック・ナダ

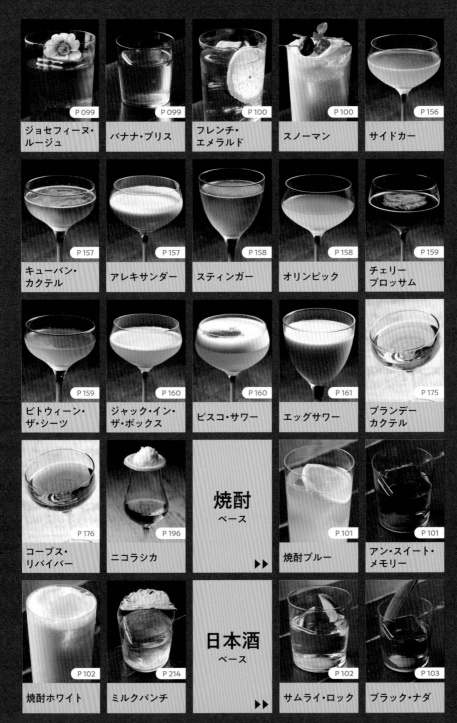

P 103 ジャパニーズ・ キール・ロワイヤル	ワイン ベース ▶▶	P 104 キティ	P 104 カリモーチョ	P 105 アメリカン・ レモネード
P 105 ローザ・ロッサ	P 106 クイーン・ シャーロット	P 106 キール	P 107 スプリッツァー	P 107 オペレーター
P 108 ペシェ・キール	P 108 メイフェア・ スプリッツァー	P 109 キール・ インペリアル	P 109 キール・ ロワイヤル	P 110 シャンパン・ ブルース
P 110 ティツィアーノ	P 111 ベリーニ	P 111 ミモザ	P 112 クリスタル・ ライン	P 176 アドニス
P 177 シンフォニー	P 177 バンブー	ビール ベース ▶▶	P 112 ブラック・ ベルベット	P 113 シャンディ・ガフ

P 113	P 114	P 114	P 115	P 115
レッド・アイ	サブマリノ	クランベリー・ビア	パナシェ	エッグ・ビア

リキュール ベース ▶▶	P 046	P 051	P 052	P 053
	FCレモンサワー	トロピック・カシスオレンジ	大人のメロンソーダ	PPAP

P 054	P 055	P 056	P 058	P 061
ジェイド	スイカ＆キウイ	ドラキュラ	イスパハン	アンフォーギブン

P 063	P 064	P 069	P 069	P 070
ワンラブイングランド	クルシマスカイ	イエーガー・ボム	ソコライムショット	ニューヨークチーズケーキ

P 116	P 116	P 117	P 117	P 118
カシスオレンジ	カシスグレープフルーツ	カシスウーロン	カシスミルク	カシスソーダ

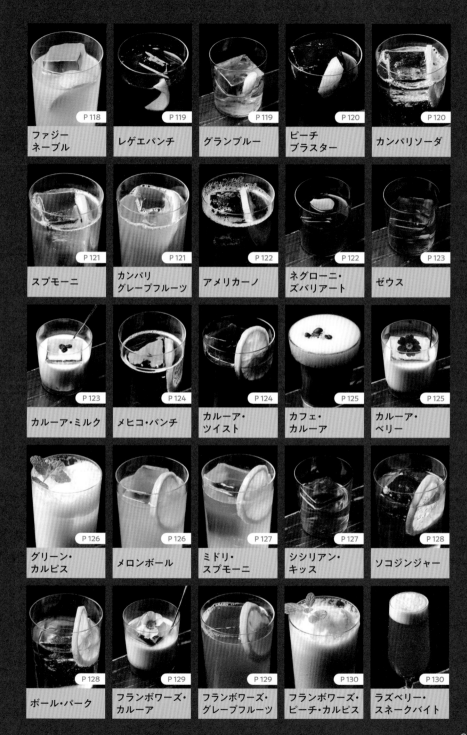

P 118	P 119	P 119	P 120	P 120
ファジー ネーブル	レゲエパンチ	グランブルー	ピーチ ブラスター	カンパリソーダ
P 121	P 121	P 122	P 122	P 123
スプモーニ	カンパリ グレープフルーツ	アメリカーノ	ネグローニ・ ズバリアート	ゼウス
P 123	P 124	P 124	P 125	P 125
カルーア・ミルク	メヒコ・パンチ	カルーア・ ツイスト	カフェ・ カルーア	カルーア・ ベリー
P 126	P 126	P 127	P 127	P 128
グリーン・ カルピス	メロンボール	ミドリ・ スプモーニ	シシリアン・ キッス	ソコジンジャー
P 128	P 129	P 129	P 130	P 130
ボール・パーク	フランボワーズ・ カルーア	フランボワーズ・ グレープフルーツ	フランボワーズ・ ピーチ・カルピス	ラズベリー・ スネークバイト

 P 131
ボッチボール

 P 131
アマレット
ジンジャー

 P 161
グラスホッパー

 P 162
ゴールデン・
キャデラック

 P 162
チャーリー・
チャップリン

 P 163
バイオレット
フィズ

 P 163
ピンポン

 P 164
マルルウ

 P 164
ハリウッド・
ナイト

 P 165
楊貴妃

 P 166
ベイリーズ・
マリブ・スライド

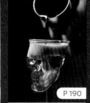 P 190
ブレイイン・
ヘモヘイジ

 P 194
南無阿弥陀仏

 P 196
B-52

 P 197
バズーカ・
ジョー

 P 198
アラバマ・
スラマー

 P 198
パープル・
ニップル

 P 200
パールハーバー

 P 212
グラッツェ・
アッラ・ナチューラ

ノン
アルコール
ベース
 ▶▶

 P 201
シャーリー・
テンプル

 P 201
サラト
ガクーラー

 P 202
シンデレラ

 P 202
バージン・
ブリーズ

 P 203
フルーツ・
パンチ

P 203
プッシー・
フット

P 204
キウイ
スカッシュ

P 204
ノンアル・
シンガポールスリング

P 205
ピーチ・
クーラー

P 205
初恋

P 218
ハーバル・
ジントニック

その他
※複数ベースなど
▶▶

P 049
山丹
ミルクパンチ

P 072
シークレット
ラブ

P 188
プースカフェ

P 191
ロングアイランド
アイスティー

P 193
フランシス・
アルバート

P 195
アンバー
ドリーム

P 199
イー・ティー

P 199
アイルランド・
ブルーシューター

P 215
フレンチバード

P 217
パローマ・
ハポン

P 217
ジューン・
バグ 2.0

\ 本書の見方 /

ビルド カクテル／ジン ベース

ジントニック

① **②** **③** **④**

〈普通〉 〈さっぱり〉 〈オール〉

[材料]
ジン 30ml ／トニック 120ml ／ライム **⑤**

⑥

日本一のど定番！　ライムはいつ搾る？

ラ イムの果肉部分に包丁を入れてからグ
ラスに搾り入れる。そのグラスに氷、
ジンを入れ、氷に当たらないようにトニックを
入れる。軽く1回半くらい混ぜる。搾ったラ
イムはそのまま入れても、皮だけを入れても
OK。 **⑦**

イエッネMEMO

ジントニックは日本で一番飲まれてい
るカクテルです。**食事中に飲む場合は、ライム
は先に搾り入れたほうが味のバランスがいいの
でオススメです。**逆に食後に口をスッキリさせ
たい場合は、ライムの刺激を先に入れるために、
最後に搾り入れる形でもいいかなと思います。 **⑧**

ジンバック

〈普通〉 〈さっぱり〉 〈オール〉

[材料]
ジン 30ml ／ジンジャーエール 120ml ／レモン

ジンの香りが4次元からあふれる

レ モンの果肉部分に包丁を入れてからグ
ラスに搾り入れる。そのグラスに氷を
入れてからジンを入れ、ジンジャーエールを
氷に当たらないように入れる。混ぜるのは1
回半くらいでOK。

イエッネMEMO

ジンのジンジャーエール割りなので、
ジントニック同様、日本人に人気のあるオーソ
ドックスなカクテルです。ジンジャーエールを
使ったカクテルではモスコミュールがダントツ
の人気ですが、**ジンの香りが好きな方にはジン
バックがオススメです。**

074

❶ カクテル名

❷ アルコール

マスター視点のアルコールの強さの評価。
強さの度合いは、激強＞強い＞強め＞普通＞弱め＞弱い＞なし

❸ テイスト

飲み口をマスター視点で評価(マスターはお子様舌のため、飲まれる方によって印象が違う恐れがあります)。

❹ タイミング

そのカクテルを飲むのに適したタイミング。食前、食後、オール、乾杯など、参考にしてください。

❺ 材料

カクテルに使用する材料です。お酒は特定の銘柄の表記がない場合は、どのブランドのものを使ってもOK。飾りはオススメを記載しているため、写真に写っていないものが含まれている場合があります。カットの仕方や量に記載のないものは、お好みで楽しんでください。

❻ 手法

ビルド　シェイク　ステア　ブレンド

※特殊な作り方の場合、ノンアルコールカクテルの場合にはアイコンは掲載しておりません

❼ カクテルの作り方

❽ イエツネMEMO　マスター視点からカクテルの特徴や裏話を紹介。

〈単位の表記と目安〉
1tsp(ティースプーン)…約5ml
1dash(ダッシュ)…約1ml(ビターズボトル1振り分=4～6滴)
1drop(ドロップ)…約1/5ml(ビターズボトル1滴分)
1cup(カップ)…200ml
1PUSH(プッシュ)…0.07ml～0.15ml
UP(アップ)…グラスを満たすこと

〈ガーニッシュ(飾りつけ)〉
レモンピール、オリーブ、花などの飾りつけに関しては、必ずしも材料に記載のものでなくてもOKです

〈ジュース〉
フルーツジュースは果汁100%のものを使用。

編集／佐久間一彦（有限会社ライトハウス）
カバーデザイン／安賀裕子
デザイン／井上菜奈美（有限会社ライトハウス）
撮影／篠塚ようこ、大野洋平
イラスト／タナカケンイチロウ
校閲／鴎来堂
カクテルキャッチコピー／針谷顯太郎

ゼロからわかる!
カクテル基礎知識

そもそもカクテルとは何なのか？
ここではカクテルを構成するお酒のこと、作り方など、
基礎知識を紹介していきます。

カクテルとは？

カクテルとは数種類のお酒と果汁や炭酸などを混ぜ合わせた飲料のことです。いわゆるミックスドドリンクになるわけですが、カクテルを構成する（ミックスする）材料は、大きく分けると三つあります。

一つ目はベースとなるお酒。これは、ビールやワイン、日本酒といった醸造酒と、ウイスキー、ブランデー、焼酎などの蒸留酒を指します。ちなみ醸造酒とは、米や麦、ブドウなどの原料を酵母として、アルコールを発酵させることで作るお酒のこと。蒸留酒とは、醸造酒を蒸留機で過熱し、エタノールを蒸発させて凝縮させたお酒のことです。蒸留酒は不純物が取り除かれ、シンプルなお酒になりやすく、ジン、ウォッカ、ラム、テキーラの4大スピリッツも蒸留酒に含まれます。

二つ目はリキュール。リキュールとは、醸造酒や蒸留酒に果実、薬草、香草、ナッツなどの香り成分を溶かしこんで作る、混成酒のことです。語源はラテン語で「溶かしこむ」を意味する「リケファケレ」、もしくは液体を意味するフランス語の「リクオル」がなまったものと言われています。水やジュース、炭酸で割ることを想定されているので、アルコール度数が高いものが多いのが特徴です。

三つ目は割材です。これはソーダ、トニックといった炭酸や、オレンジ、グレープフルーツなどのジュース類、あるいはシロップや卵、乳製品などが含まれます。

カクテルの作り方には、ベースとなるお酒＋リキュール＋割材と三つを組み合わせるパターンと、ベースとなるお酒orリキュールと割材の二つを組み合わせるパターンがあります。基本的な構造はこのどちらかだと考えてください。

カクテルの構造	ベースとなるお酒	+	リキュール	+	割材
	ベースとなるお酒	or リキュール	+	割材	

カクテルに使用するお酒として有名なのが、ジン、ウォッカ、ラム、テキーラの4大スピリッツです。日本の酒税法では、清酒からウイスキー類までのいずれにも該当しない酒類で、エキス分が2度未満のものがスピリッツと分類され、それに当てはまるのが、ジン、ウォッカ、ラム、テキーラといったお酒になります。スピリッツは雑味が少なく、クリアなため、カクテルに用いりやすいお酒として重宝されています。

4大スピリッツそれぞれの特徴を紹介していきましょう。まずはジンです。

ジンとは「ジュニパーベリーを主とするボタニカルで香りづけした蒸留酒」と定義されます。ボタニカルは直訳すると「植物の」という意味で、簡単に言うと、蒸留酒に用いる香草の総称です。その中で主とされているジュニパーベリーは、セイヨウネズ科の針葉樹の果実を乾燥させたものです。ジンに入れるボタニカルに決まりはないので、日本では日本らしさを出すために抹茶や柚子、山椒などを入れたボタニカルを使うこともあります。

原材料は大麦やライ麦、トウモロコシなどの穀物です。ジンはボタニカルが命なので、味がケンカをしないように、原料に味のない穀物を使っています。穀物を連続蒸留機で蒸留して蒸留酒を作り、そこにボタニカルを漬け込むのが、一般的な作り方です。

ジンの種類として四つ紹介します。現在、世界でジンと呼ばれているお酒のほとんどは、ロンドンで生産しているドライジンです。これは蒸留を繰り返し、クリアさを追求したジンとして世界中で愛されています。

オランダのジュネバジンは、連続蒸留機を使わず、単式蒸留機を使って、穀物の風味を生かしています。甘口で濃厚なのが特徴で、ストレートで飲むのが一般的です。ドイツのシュタインヘーガーは、シュタインハーゲン村で生まれたことが名前の由来。発酵させたジュニパーベリーを単式蒸留機で蒸留する製法で作られています。

最後はオールドトムジン。こちらはイギリスの昔ながらのジンで、連続蒸留機がない時代に砂糖を入れて作っていた甘口のジンです。トムという名の黒猫が誤ってジンの樽に落ちたことから、トムのフレーバーがついたジンということで、こう命名されました。

ウォッカといえば、生産国としてロシアが有名です。暖房がなかった時代は、ウォッカを飲んで体を温めたというくらい、アルコール度数が高いお酒です。

原料はライ麦、小麦、大麦、ジャガイモ、乳糖など、何でもＯＫです。作り方は、原料を粉々にすり漬して糖化させ、それを発酵させてアルコールにして、連続蒸留機でアルコール95％以上のグレーンスピリッツを作ります。そこから加水してアルコール40〜60度くらいにして、無味無臭にするために濾過する作業を繰り返します。白樺やアカシアの活性炭を使って、原料の特徴がなくなるまで濾過します。手間をかけて蒸留することで、上質なウォッカになっていきます。

こうして製造するため、ウォッカは無味無臭です。クセがないため、カクテルとの相性が抜群のお酒と言えます。

ウォッカはこうした無色透明のクリア

ウォッカに加えて、フレーバードウォッカという、香りづけされたウォッカも存在します。このフレーバードウォッカが作られたのは、逆転の発想でした。

ウォッカが広まり始めた14世紀頃は、様々な穀物が原料として使われていました。当時はストレートで飲むのは健康的に良くないとされていて、果汁や水で割って飲んでいましたが、蒸留機がなく、雑味がすごかったため、原料の臭いが残っていて飲みづらいという問題がありました。

そこで製造者は逆転の発想で、ハーブや果物の抽出液を投入して、雑味を隠そうとしたのです。この発想から生まれたのがフレーバードウォッカでした。

フレーバードウォッカで有名なのは、ズブロッカウォッカです。これはポーランドの世界遺産であるビャウォヴィエジャの森で採れる、バイソングラスという草を漬け込んだウォッカです。ボトルに一本草が入っていて、その草は手作業で入れられています。

主なウォッカの産地

ロシア……寒冷地だけにアルコール度数が高めのウォッカが多いのが特徴。
ポーランド……ウォッカの会社が700社もあり、有名なアブソルメントもポーランド産。
アメリカ……トウモロコシから作られるものが多く、クセが少ないためカクテル向き。

4大スピリッツとは？③ラム

ラムの原材料はサトウキビです。サトウキビは糖度がマックスになる乾季に収穫します。ただ、刈り取ると直後から加水分解と酸化が始まってしまうため、すぐにジュースにしなければならず、スピードが命です。

製法としては、まず、サトウキビの硬い茎を洗浄・カット・圧縮して、ジュースを抽出します。このジュースを過熱して糖化し、遠心分離機に入れます。

ジュースは結晶化して砂糖になる部分と、結晶化せず砂糖にならない部分があり、砂糖にならない部分のことを「糖蜜」と言います。全世界のラムの8割がこの糖蜜から作られていて、トラディショナルラムと呼ばれています。

次に遠心分離機で分類した糖蜜を24〜36時間発酵させます。ここでできたラムはアルコール度数4%程度と低めです。そこから蒸留を繰り返すことでア

ルコール度数70度くらいのラムになり、ステンレスのタンクで3〜12カ月休ませます。一定期間休ませたのち、加水してボトリングしたら完成。この方法で作られたラムはホワイトラムと呼ばれます。

このホワイトラムの段階から、樽に移して2年間熟成したものをゴールドラムと言い、3年以上長期熟成したものをダークラムと言います。

読者の皆さんも、透明なラムと色のついたラムを見たことがあると思いますが、熟成年数が長いと、樽の色が移ってお酒の色が濃くなるわけです。

サトウキビを原料にした蒸留酒は、すべてラムに分類されます。中には糖蜜だけでなく、ジュースの部分も含めて、サトウキビを100%使ったラムもあります。これをアグリコールラムと言います。定義が広いため、世界に4万種類あると言われるほど、たくさんのラムがあります。

ラムの分類

ホワイトラム……カクテルによく使われる無色透明でクセの少ないラム。
ゴールドラム……2年間樽熟成したやや褐色のラム。
ダークラム……3年以上樽熟成した、濃い褐色のラム。ジャマイカ産に多い。

メキシコのお酒として有名なテキーラは、ショットグラスで一気に飲むイメージがあると思います。ショットで飲んでテキーラが美味しくないと感じた経験のある方は、ショットに適していないテキーラを飲んだ可能性があります。

そもそもテキーラには、「100% de Agave（デ・アガベ）」と「ミクスト」の2種類があります。原料はアガベ・テキラーナ・ウェベル・アスール（ブルーアガベ）と呼ばれる竜舌蘭です。アガベは熱を加えると甘い香りを発する変わった植物で、このアガベの茎の搾り汁を蒸留して製造されます。

前ページで紹介したラムは、定義が広いものだったのに対して、「テキーラ」を名乗るには、厳しい規制があります。メキシコにあるテキーラ規制委員会が設けた手順、製造をしていないとテキーラとは認められないのです。

規制委員会が定めた大きなルールとしては、メキシコ国内で採れたアガベを51％以上使用していないといけない

ということと、アルコール度数は35〜55％であること。これを違反すると、法的措置がとられます。

アガベを51％以上使うという規制から、前述した「100% de Agave（デ・アガベ）」と「ミクスト」の違いが生れています。51％以上アガベを使用していればテキーラを名乗れるため、ミクストは、アガベは51％を少し超えるくらいで、他に砂糖やフレーバーを入れて作られています。

一方、アガベを100％使用しているものは、アガベ本来の甘味が感じられ、プレミアムテキーラとも呼ばれます。こちらは熟成年数によって呼び方が異なります。

できたものをそのまま出荷しているシルバー（ブランコ、プラタとも呼ばれる）は、無色透明です。これは熟成されていないため、ショットには適していません。シルバーをショットで飲んでしまうと、美味しくないので、もう二度と飲みたくないと思うかもしれません。シルバーはカクテルのベースに適したテキーラです。

続いて60日から1年熟成したものがレポサド、1年以上熟成するとアネホ、3年以上熟成したものはエクストラアネホと分類されます。色がついているテキーラは、樽の色が移るくらい熟成期間が長いということです。長期熟成したテキーラは、ウイスキーのような味わいがあってショットでも美味しく飲めます。

リキュールとは？

　蒸留酒や醸造酒に果実、薬草、香草などの香り成分を溶かしこんで作る混成酒をリキュールと言います。その種類はとても多く、主原料の違いにより、四つに分類されます。

果実系

フルーツの果肉や果皮などから作られたリキュール。フルーティーな味わいと色彩の豊かさが魅力で、甘味があって飲みやすい。フルーツの数だけあるので、もっとも種類が豊富。

主な種類

クレーム・ド・カシス（カシス）、コアントロー（オレンジ）、パッソア（パッションフルーツ）、DITA（ライチ）、ピーチツリー（ピーチ）、ミスティア（マスカット）など。

薬草・香草系

香草や薬草、スパイスなどから作られたリキュール。元々は薬として用いられていた歴史があり、その名残りからクセが強く、個性的な風味が特徴。

主な種類

カンパリ（薬草とビターオレンジ）、ベルモット（白ワインと香草）、バイオレット（すみれエキスと柑橘系果物）、紅茶、緑茶など。

ナッツ・種子系

コーヒーやヘーゼルナッツ、あんずの核など、木の実や果実の核（種子）、豆類から作られたリキュール。香ばしい香りや重厚感のある甘味がある。

主な種類

カルーア（コーヒー）、アマレット（あんずの核）、マリブ（ココナッツ）など。

その他特殊系

いずれにも該当しないもので、製造技術が比較的新しいリキュール。卵やクリーム、ヨーグルトなど、フレーバーが強くてデザート系のものが多い。

主な種類

ベイリーズ（クリーム）、ヨーグリート（ヨーグルト）、アドヴォカート（卵）など。

カクテルの手法！

 手法❶
ビルド

\動画をチェック/

材料を直接グラスに注いでグラスの中でカクテルを作るイメージです。注いだ後はバースプーンを下から上に上げて、軽く混ぜるだけ。お酒をジュースや炭酸で割るロングカクテルに多い手法です。

① メジャーカップで材料を
　グラスに注ぐ

② バースプーンで軽く混ぜる

 手法❷
ステア

\動画をチェック/

ミキシンググラスの氷を回して角をとります。これは氷が溶けて水っぽくなることを防ぐためです。水を切ってからミキシンググラスにお酒を入れてステアします。できあがったらストレーナーをかぶせて、グラスに注いで完成。

① 氷の角をとったらミキシンググラス
　にお酒を入れる

② ステアで使うのは中指と薬指の二本
　だけ。中指で押して薬指で跳ね上げ
　るという動きを繰り返す

③ ストレーナーをかぶせて
　グラスに注ぐ

手法❸ シェイク

\動画をチェック/

氷と材料をシェイカーに入れたらトップをかぶせる際に空気を抜きます（空気を抜かないと膨張して爆発します）。シェイカーを正しく持ち、体の中心から前に押し出すように動かします。真っすぐ押し出すと氷がシェイカーの底に当たって溶けてしまうため、手首を返すことで氷をシェイカーの中で回すようにすることがポイント。シェイクができたらトップを外してグラスに注ぎます。ご自宅でシェイクカクテルを作りたい場合、シェイカーは DAISO のカクテルシェーカー約 300ml でも対応可能です。

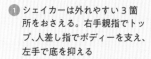 シェイカーは外れやすい3箇所をおさえる。右手親指でトップ、人差し指でボディーを支え、左手で底を抑える

体の中心から前に押し出し、手首を返して氷を回転させる。段々早くしていき、シェイクを終えるときは段々ゆっくりにして、最後はピタッと止める

手法❹ ブレンド

\動画をチェック/

ブレンダーに材料とクラッシュアイスを入れてブレンドするとフローズンカクテルができます。氷の量をしっかり守らないと水っぽくなってしまうので注意してください。道具があれば誰でも簡単にできます。

 ブレンダーに材料を入れてブレンドする

カクテルレシピを覚える法則

カクテルは星の数ほどあり、今この瞬間にも新しいカクテルが生まれているので、すべてを覚えるのは不可能です。しかし、カクテルには法則があり、基本レシピを覚えると、100種類、150種類と、簡単に覚えることができます。ここではその覚え方を紹介しましょう。

①バリエーションで覚える

ホワイトレディ系

ホワイトレディはジン＋コアントロー＋レモンジュースです。ベースのお酒のジンをウォッカに変えるとバラライカ、ラムなら XYZ に変わります。

モーニ系

元祖はカンパリ＋グレープフルーツジュース＋トニックのスブモーニ。ベースのお酒がラムならソルクバーノ、ウォッカならウォッカソルクバーノ、テキーラだとパローマになります。

ゴッド・ファーザー系

スコッチウイスキー＋アマレットでゴッド・ファーザーです。スコッチウイスキーをウォッカに変えるとゴッド・マザー、ブランデーに変えるとフレンチコネクションに変わります。

ブラディメアリー系

ブラディメアリーはウォッカ＋トマトジュースです。ベースのお酒をジンにするとブラディサム、テキーラに変えるとストローハット、ラムに変えるとクバニートになります。

アレキサンダー系

ブランデー＋カカオ＋生クリームでアレキサンダーです。ベースのお酒がウォッカになるとバーバラ、ジンならプリンセスメアリーになります。

マンハッタン系

マンハッタンはライウイスキー＋スイートベルモットです。ベースのお酒がスコッチウイスキーならロブロイ、ブランデーならキャロル、ラムならリトルプリンセスになります。

②割材で覚える

シャンパン

シャンパン＋カシスでキール・ロワイヤル。シャンパン＋生オレンジジュースはミモザ、シャンパン＋ピーチネクターはベリーニになります。

ビール

ビールをジンジャーエールで割るとシャンディガフ、トマトジュースで割るとレッドアイ、レモネードで割るとパナシェ、白ワインで割るとビアスプリッツァーです。

ジンジャーエール

お酒＋レモンジュース＋ジンジャーエールの組み合わせを「バックスタイル」と言います。お酒がジンならジンバック、ラムならラムバック、テキーラならテキーラバックです。

トニックとコーラ

トニックはそのまま、ウォッカトニック、ジントニック、テキーラトニック、ラムトニックとなり、コーラはラムで割るとキューバ・リブレ、マリブで割るとマリブコーク、赤ワインで割るとカリモーチョになります。

③スタイルで覚える

フィズ系

レモンジュースにシロップを加えてソーダで割るスタイル。バイオレットフィズ、ジンフィズ、カカオフィズなどがあります。

サワー系

フィズのソーダがないバージョンです。サワーと言ってもレモンサワーなどとは違い、酸味があるという意味でサワー系という言葉が使われています。

リッキースタイル

お酒をライムとソーダで割るスタイル。ジンリッキー、ウォッカリッキー、ラムリッキー、テキーラリッキーなどがあります。

ジュレップ

お酒＋ミント＋砂糖＋クラッシュアイスで、ソーダ or 水で満たすスタイルです。

\ これで完璧! /
絶対に美味しくなる
黄金レシピ

前ページでも紹介したようにカクテルは無限であり、レシピも無限にあります。誰もが知っているような代表的なカクテルはありますが、分量を少し変えたり、組み合わせを少し変えたりするだけで、新しいカクテルが誕生することもあります。

ただ、どんなお酒とどんな割材を

混ぜたらいいのかは、最初はわからないと思います。そこで、ここではどんなお酒、どんなリキュールを使っても、必ず美味しくなる "黄金レシピ" を紹介しましょう。この "黄金レシピ" を知っていれば、初心者の方でも家族や友達がビックリするような美味しいカクテルを作ることができます!

黄金レシピ **1**

お酒 +
グレープフルーツジュース +
トニックウォーター

ベースの **お酒** + グレープフルーツジュース + トニックウォーター

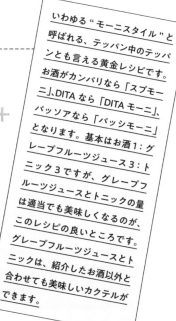

いわゆる "モーニスタイル" と呼ばれる、テッパン中のテッパンとも言える黄金レシピです。お酒がカンパリなら「スプモーニ」、DITA なら「DITA モーニ」、パッソアなら「パッシモーニ」となります。基本はお酒1:グレープフルーツジュース3:トニック3ですが、グレープフルーツジュースとトニックの量は適当でも美味しくなるのが、このレシピの良いところです。グレープフルーツジュースとトニックは、紹介したお酒以外と合わせても美味しいカクテルができます。

お酒＋
ジンジャーエール＋
マンゴージュース

ジンジャーエールとマンゴージュースの組み合わせも黄金レシピの一つです。リキュールはもちろん、4大スピリッツを割っても美味しくなります。甘口が好きな人はマンゴージュースを多めにしたり、甘さを控えたい人はジンジャーエールを多めにしたり、分量は自分好みにアレンジしましょう。

ベースのお酒

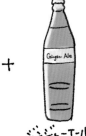
ジンジャーエール

マンゴージュース

お酒＋
コアントロー＋
レモンジュース

オレンジのリキュールであるコアントローとレモンジュースを使ったカクテルには、「ホワイトレディ」があります。黄金比は 2:1:1 なので、ホワイトレディの場合は、ベースのお酒となるジンが 30ml でコアントローとレモンジュース各 15ml となります。お酒はジンではなく、ウォッカでもテキーラでも、コアントロー＆レモンジュースと組み合わせれば、間違いなく美味しくなります。

ベースのお酒

コアントロー

レモンジュース

お酒 + コアントロー + ライムジュース + クランベリージュース

これは僕が一番好きなカクテルであるコスモポリタン系の黄金レシピです。コスモポリタンの場合はお酒がウォッカで比率は3：1：1となります。僕はコスモポリタンが好きすぎて、いろいろなリキュールで試しました。フルーツ系リキュールは何を合わせても飲みやすく仕上がります。

ベースのお酒 　　 コアントロー 　　 ライムジュース 　　 クランベリー・ジュース

黄金レシピ **5**

お酒（ジン） + ライムジュース + グレナディンシロップ

これは甘いお酒が好きな人にオススメしたい黄金レシピです。黄金レシピ③で紹介したコアントロー+レモンジュースだと、さっぱりしすぎていると感じる方は、ライムジュースとグレナディンシロップの組み合わせを試してみてください。お酒はスピリッツ系であれば、何と組み合わせてもバッチリです。

  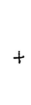 

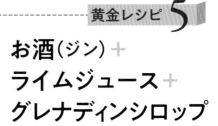

ベースのお酒 　　 ライムジュース 　　 グレナディンシロップ

お酒＋
ジンジャーシロップ＋
トニックウォーター＋
ソーダ

トニックウォーターとソーダを半々に入れる、いわゆる"ソニック"とジンジャーシロップを組み合わせると黄金レシピになります。お酒はバックスタイルとの相性が良いので、スピリッツやウイスキー、コアントローなどと組み合わせると最高です。

〈ジンジャーシロップの作り方〉
クローブ、コリアンダー、ナツメグ、レモングラス、カルダモンといったスパイスをすり鉢で潰して、生姜の皮をむいてスライスして、レモンスライスを1個分入れて水を入れて煮る。沸騰したらこして、残った液体の量×1.2の砂糖を入れて混ぜる。

ジンジャーシロップ ＋ トニックウォーター ＋ ソーダ

ウイスキー＋
牛乳＋
甘めのリキュール

これは意外な黄金レシピと言えるかもしれません。ウイスキーと牛乳を合わせた「カウボーイ」というカクテルがあります。ここに甘めのリキュール（アマレット・ベイリーズ・カルーアなど）を加えると美味しさがアップします。甘味を加える意味ではちみつでもOKですが、溶けにくいという問題があるので、甘いリキュールとの組み合わせが良いでしょう。

ウイスキー　　牛乳　　甘めリキュール

フルーツ系リキュール＋
クランベリージュース＋
カルピス

お子様舌の僕は甘いものが好きなので、この黄金レシピも大好きです。カルピス＋クランベリージュースと、フルーツリキュールの相性は最高です。たとえばカシスでも、ピーチリキュールでも、青りんごリキュールでも、美味しいだろうなという味の想像ができると思います。メロンリキュールと組み合わせるのも個人的にはオススメです。

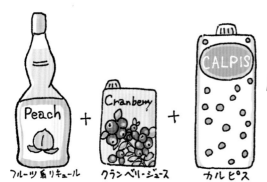

フルーツ系リキュール　＋　クランベリー・ジュース　＋　カルピス

日本酒を使った黄金レシピです。これは「スノー〇〇〇〇」と呼ばれるカクテルになる組み合わせで、カルピスをシェイクして作ると、雪みたいにモコモコした口当たりになります。カルピスの牛乳割りはそのまま飲んでも美味しいですし、日本酒が苦手な人でも美味しく飲める組み合わせになります。

日本酒＋
牛乳＋カルピス

日本酒　＋　牛乳　＋　カルピス

スウィート＆サワーミックスをちょいたし

レモン　　ライム　　　　　水　　　シュガーシロップ

スウィート＆サワーミックスは、何かちょっと足りないなというときにちょいたしすると、味がちょうど良くなるという万能シロップです。つまり、これを加えるとすべてが黄金レシピになるという

わけです。海外ではスウィート＆サワーミックスというジュースが売っていますが、シュガーシロップ、水、ライムジュース、レモンジュースを1/4ずつで自家製のシロップを作ることもできます。

最強の万能リキュール「エルダーフラワー」

サンジェルマン

サンジェルマンの「エルダーフラワー」というリキュールがあります。これを既存のレシピに加えると、香りがものすごく良くなって、何でも美味しくなるという最強の万能リキュールです。エルダーフラワーは1年に1回春の終わりに2〜3週間しか咲かない貴重な花。サンジェルマンは乾燥したものも冷蔵したものも使わず、職人が手摘みしたもののみを使用しているため、豊かで華やかな香りを生んでいます。何に足してもOKですが、ハイボールならウイスキー30ml、ソーダ90mlにエルダーフラワーを10ml加えると美味しさが大幅アップします。

［バーの歴史や特徴を知ろう］column 1

バーの始まりはアメリカの西部開拓時代（1800 年代）で、日本は意外に早く、1860 年頃の横浜が最初と言われています。ただ、これは日本人向けというより、日本に来た外国人向けのお店だったようです。

日本の正式なバーとしては浅草の「神谷バー」さんが、1880 年に開業しています。そこから時を経て、1949 年に全国で酒類販売が自由化され、いろいろなお店でお酒が楽しめるようになり、これが「バー元年」と位置づけられています。

バーにはいろいろな種類があるので、どんなバーがあるのかを紹介していきましょう。1 つ目はオーセンティックバー。格式が高く、初めての方には難易度も高めです。チャージ料は 1500 円くらいで、カクテルは 1 杯 1500 円からといった価格なので、1 万円くらいは用意しておいたほうがいいでしょう。

2 つ目はショットバー。こちらのチャージ料は 500 円～ 1000 円。カクテルは 1 杯 800 円～ 1000 円でオーセンティックバーよりお手軽です。

3 つ目はスタンディングバーです。文字通り立ち飲みなのでお値段も安価で、大勢でワイワイ騒ぐのにオススメです。スペインのバルがこのスタイルです。

4 つ目はダイニングバーで、僕のお店「ANCHOR」もこのスタイルです。フードメニューが充実しているので、ダイニングバーなら 1 軒目からお料理とお酒を楽しめます。

5 つ目はミュージックバー。こちらは店内にジャズが流れるジャズバー、ロックが流れるロックバーなどがあります。特徴としては店主もお客様も音楽が好きということで、音楽が好きなら一人で行っても友人ができたり、常連になりやすかったりすると思います。

他にもダーツができるダーツバー、ビリヤードができるプールバーなどのアミューズメントバー。ワインに特化したワインバー、焼酎に特化した焼酎バーといった、何か一つに特化した特化型バーもあります。

また、イギリスなどの大衆酒場を指すパブもバーの一つと言えます。ビールやウイスキーが充実していて、会計を一杯ごとにおこなう、キャッシュオンデリバリーです。

このようにバーはいろいろなタイプがあるので、自分好みのバーを見つけて楽しんでみてください。

Chapter 2

「映え」と「手軽」が両立!
秘密のマスターオリジナル

この章ではマスターのお店「ANCHOR」で
提供しているオリジナルカクテル、
そしてマスター自身がお気に入りのカクテルを
紹介していきます。

その名の通り、アンカーのシグネチャーカクテルです。SDGs の観点からみかんの皮まで使用しているのがポイントです。みかんフラワースプレーは、夏に採れるみかんの花を冷凍保存しておいて、水とブレンドして蒸留して作ります。お客様への提供前にワンプッシュして、帽子をかぶせると、飲むときに香りを楽しんでもらうこともできます。

花も皮も「まるごとみかん」で！

アンカー
ジントニック

普通　さっぱり　オール

[材料]
アンカージン（みかんジン）30ml ／エルダーフラワー 10ml ／
トニックウォーター 120ml ／みかんフラワースプレー 1PUSH

みかんの白い筋をしっかりとって、ディハイドレーター（乾燥機）で乾燥させる。これをジンに1時間漬けてからこして取り出して、みかんジンを作る。このジンとサンジェルマンのエルダーフラワーを氷の入ったグラスに入れて混ぜる。そこにトニックウォーターを120ml注ぐ（分量厳守）。最後にみかんフラワースプレーをワンプッシュして、グラスの上に帽子をかぶせて完成。

僕が大島で漁師をやっていたことがきっかけで誕生した
カクテルです。大島は村上海賊発祥の地で、昔は海賊が多く
存在した場所でした。海賊といったら宝箱ということでクロス
オーバーして、こうしたカクテルを作ることになったのです。
スモークして宝箱を閉じることで、開けたときに煙が出てくる
演出が人気で、一人のお客様が頼むと、続けて注文が入ります。

トレジャーモヒート

宝箱を開けるワクワクさ

［普通］ ［さっぱり］ ［オール］

[材料]
スパイスドラム 30ml ／ミント適量／
自家製ジンジャーシロップ 20ml ／アンゴスチュラビターズ 6dash ／
ライムフレッシュジュース 15ml ／ソーダ 60ml

ロックグラスにミント、スパイスドラム、ジンジャーシロップ、
アンゴスチュラビターズ、ライムフレッシュジュースを入れて、
軽くつぶしたら、ソーダを注ぎ入れる。その上からクラッシュアイス
を入れてミントを飾る。グラスを宝箱に入れてスモークして完成。

「FC 今治」応援のソウルドリンク

FCレモン
サワー

普通　さっぱり　オール

[材料]
自家製リモンチェッロ 45ml ／
無農薬フレッシュレモンジュース 10ml ／
自家製昆布シロップ 1tsp ／
瀬戸内海の塩水 1PUSH ／
ソーダ 90ml ／ブルーソルベ

リモンチェッロ、レモンジュース、昆布シロップ、塩水を氷の入ったグラスに入れてしっかり混ぜる。この上からソーダを注ぎ、炭酸が飛んでも構わないのでしっかり混ぜる。ここにかき氷状のブルーソルベを乗せて完成。 ※ブルーソルベはブルーキュラソー1：トニック3：ソーダ3にクリスマス島の塩をかけて凍らせて作る。

イエッネMEMO

元々サッカー観戦が好きで地元の FC 今治を応援していたら、選手や岡田武史代表もお店に来てくれるようになって親交が生まれました。その FC 今治のユニフォームカラー（下が黄色で上が青）をイメージしたカクテルです。そのまま飲んでいただくと、最初はさっぱりしていますが、甘味のあるブルーソルベが溶けていくことによって味が変化していきます。さっぱりから甘めへと、一杯で二つの味を楽しむことができます。

イエツネMEMO

地元・愛媛のみかんを使ったカクテルです。有名なポンジュースは「日本（ニッポン）一のポンから名付けられたものですが、こちらのPOMも日本一のウイスキーカクテルを目指してという意味でネーミングしました。いわゆるウイスキーサワーのみかんバージョンです。甘さっぱりした口当たりが特徴です。

日本一の「甘さっぱり」感！

ウイスキー
POMサワー

〔普通〕 〔甘さっぱり〕 〔オール〕

- -

[材料]
グレンモーレンジィ（ウイスキー）30ml ／無農薬レモンジュース 20ml ／
自家製オレオサッカラム 10ml ／アンゴスチュラビターズ 6dash ／
卵白 30ml ／無農薬フレッシュみかんジュース 10ml

氷を入れたシェイカーにグレンモーレンジィ、レモンジュース、オレオサッカラム、アンゴスチュラビターズ、卵白、みかんジュースを入れてシェイクし、カクテルグラスに注ぐ。

今治愛をコーヒーと一緒に

普通　苦甘　食後

[材料]
コーヒー豆を漬け込んだダークラム 30ml ／
コーヒーリキュール 15ml ／
PX シェリー 5ml ／カシスシロップ 10ml ／
エスプレッソ 45ml

ダークラム、コーヒーリキュール、
PX シェリー、カシスシロップ、
エスプレッソを氷の入ったシェイカーで
しっかりシェイクする。カクテルグラス
に注ぎ、最後にバーナーで焙ったコー
ヒー豆を乗せて完成。

オチ・
エスプレッソ
マティーニ

イエッネMEMO

今治に越智商店というコーヒー
豆店があって、そこで選んでもらった
コーヒー豆を使用しています。今治に
は「越智」という名字も多いので、今
治のカクテルとイメージできるように
命名しました。コーヒー好きな人はも
ちろん、カシスを入れて甘めに仕上げ
ているので、コーヒーが苦手な人にも
飲みやすいカクテルになっています。

山丹ミルクパンチ

[材料]
ミルクパンチ 90ml ／パッションフルーツシロップ 5ml ／
（バタフライピーに漬け込んだ）山丹 15ml ／
SG 焼酎米 15ml ／

ミルクパンチとパッションフルーツシロップを
ミキシンググラスでステアする。そこにバタ
フライピーに漬け込んだ山丹と SG 焼酎米を上からフ
ロートする。

イエッネMEMO

山丹は今治の地酒で、フルーティーで
非常にカクテルに合う日本酒です。その山丹
をバタフライピーに漬け込みます。バタフラ
イピーとは東南アジア原産の植物です。

強め　甘口　食後

[材料]
どら焼きラム 30ml ／スイートベルモット 15ml ／
カンパリ 20ml ／ディサローノ・アマレット 5ml ／
PX シェリー 5ml

ど ら焼きラム、スイートベルモット、カ
ンパリ、ディサローノ・アマレット、
PX シェリーをミキシンググラスでステアし
て、氷を入れたグラスに注ぐ。

どら焼きだって、夜の主役になる

どら焼き
ネグローニ

イエヅネMEMO

ダークラムとどら焼きをブレンダーでミックスして
冷凍すると油が出てくるので、それをこして自家製のどら
焼きラムを作るのがポイントです。どらーの塩バターどら
焼きと相性がいいように、ネグローニは甘めに作っていま
す。甘いネグローニを飲んだ後に塩気のあるどら焼きを食
べてというふうに交互に味わってください。どらーのどら
焼きを美味しく味わうために作ったカクテルです。

弱い　甘口　オール

[材料]
カシス 30ml ／ローズシロップ 10ml ／
無農薬みかんジュース 60ml ／コアントロー 10ml ／赤ワイン 30ml

シ　エイカーにすべての材料と氷を入れてシェイクする。
　　あらかじめ冷やしておいたバードグラスに漏斗を使っ
て注いで完成。

すてきなあなたへ 捧げる一杯

トロピック・
カシスオレンジ

イエッネMEMO

カシスオレンジとワイン
クーラーのツイストカクテルです。
バードはスラングで「魅力的な女
性」という意味なので、バードグ
ラスを使用しています。大人の女
性に飲んでもらいたい一杯です。

マスターカクテル

大人のメロンソーダ

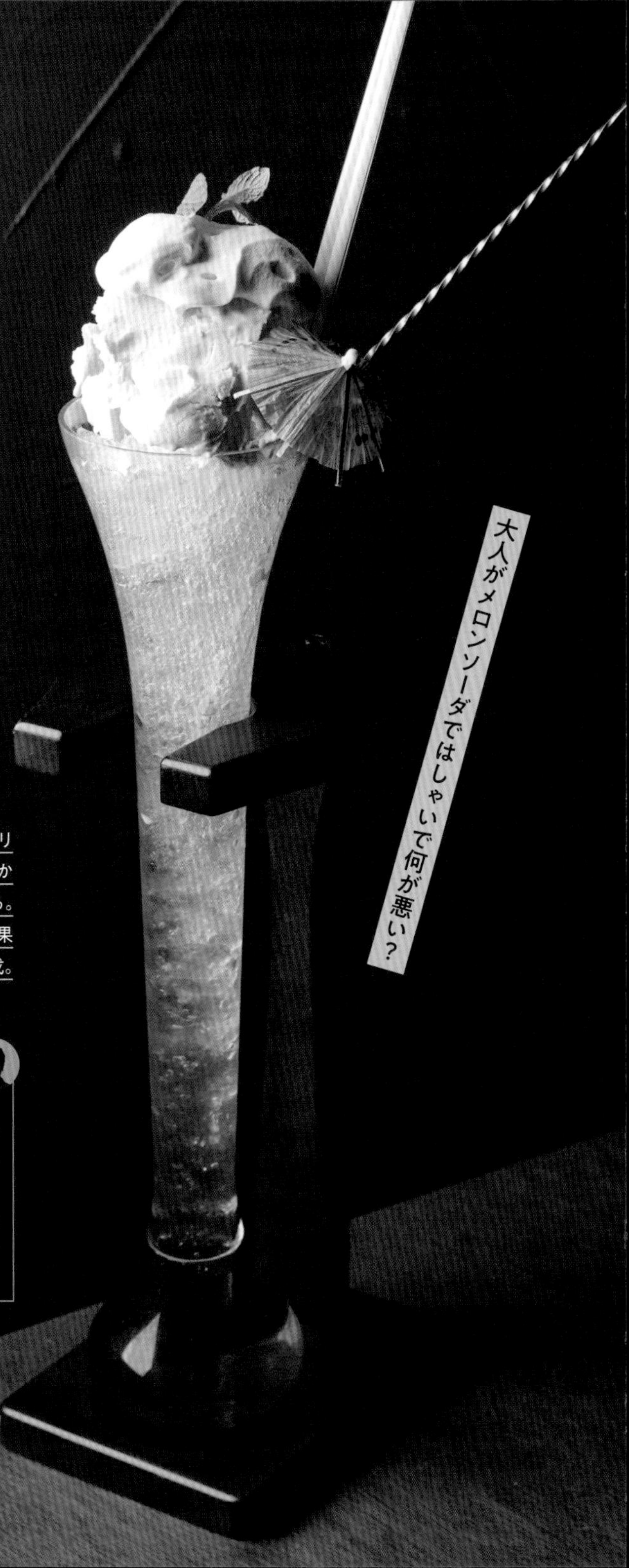

大人がメロンソーダではしゃいで何が悪い？

弱い　甘口　食後

[材料]
ミドリ 30ml ／コアントロー 10ml ／
バナナリキュール 10ml ／
ジンジャーエール UP ／アイスクリーム／
生クリーム／ミント

ミドリ、コアントロー、バナナリキュールをよく混ぜる。その上からジンジャーエールを注ぎ軽く混ぜる。最後にアイスクリーム、生クリーム、果物やパラソルなどで飾りつけをして完成。

イエツネMEMO

一言で言うと、お酒の入ったメロンソーダで、お客様を驚かせたいと思って考案したものです。写真ではわかりづらいかもしれませんが、かなりのビッグサイズです。誕生日のケーキ代わりとして頼むお客様が多いカクテルです。お祝いにみんなでワイワイ言いながら飲んでもらえればと思っています。

パイナッポーパイナッポー&パイナッポー

PPAP

(弱い) (甘口) (食後)

- -

[材料]
パイナップルリキュール 30ml ／
ヨーグリーナヨーグルト 10ml ／
グリーンバナナ 10ml ／
パイナップルジュース 120ml

パイナップルリキュール、ヨーグリーナヨーグルト、グリーンバナナをよく混ぜる。その上からパイナップルジュースを注ぎ、クラッシュアイスを入れる。お好みでイチゴやみかんなどを飾って完成。

イエッネMEMO

珍しいパイナップルグラスを生かすために、パイナップルを堪能できるカクテルとして考案しました。南国的なフルーティーなカクテルです。お酒も弱く、甘くて飲み口もいいので、あまりカクテルを飲んだことがない方でも美味しく飲める一杯です。

普通　甘さっぱり　食後

- -

[材料]
ヒプノティック 30ml ／ コアントロー 15ml ／
レモンジュース 10ml ／ ブルーキュラソー 1tsp

グラスにブルーキュラソーを入れて、クラッシュアイスを入れる。ヒプノティック、コアントロー、レモンジュースをシェイクして、グラスに注ぐ。

宝石が飲めるってホント？

ジェイド

イエツネ MEMO

ジェイドは「翡翠（ひすい）」という意味です。翡翠のイメージとして、真っ青でもなく、薄くもなく、絶妙な青を表現したいと思って考案しました。しかし、これは勘違いで実際の翡翠は青ではなかったんです。このカクテルを世に出した後に気づいたのですが、お客様にキレイで美味しいと広まっていたため、そのままの名前で出しているという、いわくつきのカクテルです。

スイカ＆キウイ

フルーツ民よ、集え！

一口飲むごとにキウイがグッときます。キウイの酸味とジュースの甘さでバランスが取れています。スイカとキウイの組み合わせだけでも美味しいのですが、ここにマンゴーを入れることによって、お互いが引き立つようになります。

普通　甘い　食後

- - - - - - - - - - - - - - - - - - - -

[材料]
スイカリキュール 30ml ／
濃縮スイカシロップ 5ml ／
キウイ 1個／マンゴージュース 60ml

シェイカーに氷、適当な大きさに切ったキウイ、スイカリキュール、スイカシロップ、マンゴージュースを入れて、しっかりシェイクする。氷ごとグラスに注いで、最後にキウイを飾って完成。

マスター カクテル

出でよ、最恐のカクテル

ドラキュラ

イエッネMEMO

イエニラクとカルピスの組み合わせが最悪で、食前、食後、どのタイミングにも適していない、まずいカクテルです。飲むのに適したタイミングといえば、むしゃくしゃしているときでしょうか。下にグレナディンシロップを沈めて、血をイメージしています。まずいので、飲むとドラキュラに血を吸われたようなダメージを受けると思います（笑）。度胸試しにどうぞ。

超強い　　まずい　　一

[材料]
イエニラク 60ml ／カルピス 15ml ／
グレナディンシロップ 10ml

グラスにグレナディンシロップを沈め、イエニラク、カルピスを注ぐ（混ぜない）。演出のためのスモークを入れて、ドクロのフタをかぶせて完成。

まずいと美味しいは紙一重かも？

普通　甘い　オール

[材料]
地雷系ウイスキー 30ml ／全卵１個／
ライムジュース 10ml ／ライムピール少量／
フォーギブンシロップ 20ml

材料をブレンダーでかくはんさせて、
ストレーナーでこす。こしたものを
シェイカーに入れて、シェイクした後、氷
の入ったロックグラスに注ぐ。

イエッネMEMO

お酒系ユーチューバーで、BOLS の世界大会（バー
テンダーの世界大会）２位のレジェンドバーテンダーの
新井洋史さんと YouTube でコラボ企画をやりました。そ
の際、敢えてまずいウイスキーを持っていって、「世界２
位ならこれで美味しいウイスキーを作ってください」と
依頼したところ、即興ですごく美味しいカクテルを作っ
てくれたんです。それがこのカクテルです。フォーギブ
ンは「許された」という意味なので、まずいウイスキー
もこのカクテルによって、許されたという意味になります。

マスター カクテル

イスパハン

カクテル界のアミューズメントパークやっ!

普通 甘口 オール

[材料]
アフロディーテ 20ml ／ DITA 20ml ／
グレープフルーツジュース 60ml ／
ラズベリーピューレ MIX 10ml

材料と氷をシェイカーに入れてシェイクする。ポイントは軽めに振ること。軽くシェイクしたらロックグラスにバラの形の氷を入れて、その上から注いで完成。

イエツネMEMO

バー「猫又屋」の新井洋史さんがプロデュースするアフロディーテというリキュールを使った、新井さんのシグネチャーカクテルです。氷を花の形にしていて、ライトによっていろが変わるという演出も入れているので、味だけでなく見た目でも楽しんでもらうことができます。

みかんの皮を乾燥させて、瀬戸
内海の塩をブレンダーにかけてみかん
塩を作ります。みかんの風味が感じら
れて、普通のテキーラよりもだいぶ飲
みやすくなっていると思います。みか
ん塩も味わってもらえると嬉しいです。

強い　さっぱり　オール

[材料]
自家製みかんテキーラ 30ml ／
コアントロー 15ml ／
大島産フレッシュレモンジュース 15ml ／
スノースタイル

グラスにスノースタイルでみか
ん塩をつける。みかんテキー
ラ、コアントロー、フレッシュレモ
ンジュースをシェイクして、みかん
塩をつけたグラスに注ぐ。

みかんマルガリータ

みかん塩がアクセント！　飲みやすさ、パネェ

イエッネMEMO

ギムレットは一般的にドライなカクテルと
いうイメージがあると思いますが、僕が漁師をやっ
ていた場所である大島のライムを使ったフレッシュ
ジュース、少し甘めの昆布を使ったシロップを用い
ることで、さっぱりした仕上がりになっています。昆
布に旨味成分が入っているのですごく美味しいです。

昆布の旨味が活きるのは料理だけじゃない

強い　さっぱり　オール

[材料]
自家製みかんピールジン 30ml ／
大島産フレッシュライムジュース 15ml ／
大島産昆布シロップ 15ml

氷を入れたシェイカーにみかん
ピールジン、ライムジュース、
昆布シロップを入れてシェイクし、グ
ラスに注ぐ。

大島
ギムレット

チキショー！！！を救ってくれる？

アンフォーギブン

P57で紹介したように、新井さんがフォーギブンというすごいカクテルを作ったので、その逆で僕は絶対に許されないだろうというカクテルを作りました。新井さんに打ちのめされたので、自戒の念を込めた一杯です。まずくなる組み合わせで作っているので、お店のメニューとしては用意していません。

強い　まずい　人生が嫌になったとき

[材料]
アブサン 60ml ／レモンハート 151 15ml ／
グレナディンシロップ 10ml

ク　ラッシュアイスを入れたグラスに、アブサン→レモンハート→グレナディンシロップの順に入れる。かき混ぜることなく、そのまま提供する。

こちらは猫又屋の新井さんのレシピです。ブラックアダーというスモーキーなウイスキーを使用しています。クセのあるウイスキーを理論と技術でカバーして作られています。分量や混ぜ方も完璧で神のハイボールです。

猫ハイボール

このパーフェクトなバランス! 神様レシピ

普通　辛口　オール

[材料]
ブラックアダー 30ml／ソーダ 60ml

氷の入ったグラスにブラックアダー、ソーダを入れて軽く混ぜる。

ワンラブ
イングランド

弱い 甘口 オール

- -

[材料]
カシス 30ml ／ カルピス 10ml ／
グレナディンシロップ 10ml ／
クランベリージュース 60ml ／

カシス、カルピス、グレナディンシロップ、
クランベリージュースをシェイクして、漏
斗を使ってハート形のグラスに注ぎ入れる。

イングランド代表を称える推しカクテル

イエッネMEMO

「ワンラブイングラン
ド」は、サッカー・イギリス
（イングランド）代表チーム
の愛称です。イギリス代表
のユニフォームは赤と白な
ので、カシスとクランベリー
ジュースで赤を表現して、
カルピスで白を表現しまし
た。シェイクして赤と白を融
合して、可愛らしいグラス
でお客様に提供しています。

マスター カクテル

クルシマスカイ

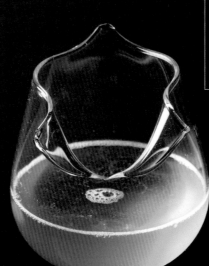

イエッネMEMO

大島には、島の人の誇りでもある「よしうみバラ公園」というたくさんのバラが植栽された公園があります。そのイメージからバラのグラスを使います。素晴らしい青の空と海が大島の魅力で、それをイメージしています。

「青いバラ」はここに存在した

普通　さっぱり　オール

- -

[材料]
自家製リモンチェッロ 20ml ／ブルーキュラソー 20ml ／
昆布シロップ 5ml ／トニック 120ml

リモンチェッロ、ブルーキュラソー、昆布シロップをシェイクして、バラのグラスに注ぐ。その上からゆっくりトニックを注いで完成。

普通　さっぱり　オール

[材料]
ゴードンロンドンドライジン 30ml ／
トニック 90ml ／炭酸 30ml ／ライム

ラ イムに切れ込みを入れておいて、皮を下に
向けて氷の入ったグラスに搾る。ジンを注ぎ、
その上からトニックを入れ、最後に炭酸でグラスを
満たす。軽くバースプーンで氷を持ち上げて完成。
お好みで最初に搾ったライムを入れても OK。

イエツネMEMO

こちらも猫又屋の新井さんから直伝してもらっ
たカクテルです。トニックで割るだけだと甘くなりす
ぎるということで、炭酸を最後に加えてよりスッキリ
感を出しています。ジン、トニック、炭酸を 1：3：1
で入れる割合もすごく研究されていて、抜群に美味し
いジントニックです。ジントニックでも分量でここま
で味が変わるのか！と衝撃を受けた一杯です。

065

イチゴとマスカルポーネの液体窒素カクテル

液体窒素でとじこめた美味しさ

普通　甘口　食後

[材料]
ジン 20ml ／自家製ストロベリーシロップ 15ml ／
無農薬レモンジュース 5ml ／牛乳 30ml ／
マスカルポーネチーズ 30g ／イチゴ 6 個

ジン、ストロベリーシロップ、レモンジュース、牛乳、マスカルポーネチーズ、イチゴをブレンダーにかける。これに液体窒素を適量入れて凍らせる。最後に飾りつけて完成。

イエッネMEMO

香川の「バー＆フレア　レコメンド」というバーに勤めていたバーテンダー仲間がいます。このバーは液体窒素カクテルを 10 年くらいやっていて、一度見学に行きました。演出だけだろうと思っていたのですが、すごく美味しかったので、自分の店でも取り入れるようになりました。フローズンカクテルと違って、溶けても味が薄くならないので最後まで美味しく味わえます。

まず僕がキウイを好きということで、キウイを美味しく味わえるものを作ろうと考えました。デザートカクテルは甘いものが多いので、さっぱりしたデザートを作りたくて、相性のいいキウイとグレープフルーツを使いました。果物だけでは味気ないので、シロップを作って味を加えています。

キウイ系パワフルカクテル

キウイとグレープフルーツの液体窒素カクテル

普通 　さっぱり 　食後

[材料]
ウォッカ 20ml ／自家製キウイシロップ 10ml ／
自家製グレープフルーツシロップ 10ml ／コアントロー 5ml ／
キウイ 1 個／グレープフルーツ 1/2 個

キウイの上 3/4 くらいをカットして中身をくり抜き、皮に液体窒素を流しこんで凍らせる。ウォッカ、キウイシロップ、グレープフルーツシロップ、コアントローにキウイ 1 個、グレープフルーツ半分を潰しながら混ぜる。ここに液体窒素を流し込んで凍らせて、事前に用意したキウイの皮に入れて完成。

甘クリーミー系ガツン級王者

ジャマイカジョー

普通 ── 甘口 ── 食後

[材料]
ホワイトラム 20ml ／ティアマリア 20ml ／
アドヴォカート 20ml ／グレナディン 1tsp

ホ ワイトラム、ティアマリア、アドヴォカートを氷と一緒にシェイクしてグラスに注ぐ。最後にグレナディンをバースプーンを使って沈めて完成。

イエツネMEMO

YouTube でラムカクテルを紹介したとき、自分で作って初めて飲みました。ドロッとしたクリーム系カクテルはどれを飲んでも大差がないという印象でしたが、ジャマイカジョーは美味しさが違いました。動画撮影中にもかかわらず、ごくごく飲んでしまったくらいで、そこから一気にハマりました。甘いけどお酒がガツンとくるのもすごく好きです。

ズブロッカトニック

普通 ── 甘口 ── オール

[材料]
ズブロッカ 30ml ／トニック適量／レモン

ズ ブロッカを氷の入ったグラスに入れ、その上から氷に当たらないようにトニックを注ぎ、軽く混ぜる。最後にレモンを搾り入れて完成。

これは桜餅？　想像以上のウマさがくる

イエツネMEMO

ジントニックが好きで、バーテンダーになりたてのときに、いろいろなお店で飲んでいました。あるとき「ズブロッカっていうウォッカがある」ということを聞いて、バーテンダーさんは「桜餅だ」と言うんです。実際に匂いをかいでみたら桜餅なんです。ソーダ割りにすると美味しいと勧められて飲んだら、想像をはるかに超える美味しさでした。ズブロッカはボトルで買っても安かったので、お金がなかった時代にすごくお世話になりました（笑）。

「憂鬱」を吹き飛ばすレシピ教えます

イエーガー・ボム

普通　甘口　オール

[材料]
イエーガーマイスター 30ml ／レッドブル

氷の入ったグラスにイエーガーマイスターを入れ、好みの量のレッドブルを注いで軽く混ぜる。

イエッネMEMO

海外に住んでいたときにホームシックになって夜に寝るのが嫌だなというときに、寝る前にイエーガーマイスターを飲んで寝ました。すると次の日の朝は爽快感があって、そこからイエーガーマイスターが好きになりました。帰国後、レッドブルがちょうど日本に入り始めてきて、初めて飲んだときは、コーラを初めて飲んだときくらいの衝撃でした。元々、イエーガーマイスターは美味しいというよりも、気つけとして飲んでいたのですが、レッドブルと合わせてみると相性が抜群で、ハマりました。

ちょいたし　イエーガーマイスターはアニスや甘草などの50種類以上のハーブを使用したドイツ産のリキュールです。

ソコライムショット

普通　甘口　オール

[材料]
サザンカンフォート 30ml ／ライムジュース 15ml

氷を入れたシェイカーにサザンカンフォートとライムジュースを入れてシェイクし、ショットグラスに注いで完成。

甘酸っぱさ100％

イエッネMEMO

若い頃、テキーラ勝負をやっていて、ほぼ負けなしでした。13個テキーラのショットを並べて、お互いに端から飲んでいき、最後に真ん中にある 80ml くらいのテキーラを飲んだほうが勝ちという勝負です。そんな日々でテキーラは飲みたくないなと思ったときに、ソコライムショットを知りました。ショットは甘いかアルコールが強いかのどちらかだと思っていた中で、こんな美味しいショットがあるのかと驚かされた一杯です。ショット勝負で荒んでいた僕の心を癒してくれた、青春の味がするショットカクテルです。

お気に入り
第**6**位

本家超えの味!? 飲むスイーツの大関

ニューヨーク
チーズケーキ

弱め ｜ 甘口 ｜ 食後

[材料]
ニューヨークチーズケーキ・ミックス 100 g ／レモンジュース 1tsp ／
クラッシュアイス 1/2cup ／セサミビスケット
【ニューヨークチーズケーキ・ミックスの作り方】
バタースコッチリキュール、アマレット、ホワイトカカオリ
キュール、牛乳、生クリーム、クリームチーズ、卵黄、砂糖、
レモンジュース、ピスコをすべて混ぜ合わせて、こして冷凍保存。

材料をブレンダーで回し、ストロベリーパウダー
でコーティングしたシェリーグラスに注ぐ。
セサミビスケットを飾って完成。

イエツネMEMO

アジアベストバー 50 を何度も受賞している京都の
「BEE'S KNEES」というバーで初めて飲んで、美味すぎて
腰を抜かしました。元々チーズケーキが好きだということも
あって、ただただ美味しいです。ミルフィーユに近いとか、
チーズケーキに近いという味のカクテルはあるのですが、こ
のカクテルはニューヨークチーズケーキを超えてきました。

キウイマティーニ

普通 ｜ 甘口 ｜ オール

[材料]
ジン 45ml ／コアントロー 1tsp ／
シロップ 1tsp ／キウイ 1/2 個

キウイを潰してシェイカーに入れて、氷、
ジン、コアントロー、シロップと合わ
せてシェイクし、ストレーナーを使ってグラ
スに注ぐ。最後にカットしたキウイを飾って
完成。

イエツネMEMO

僕が一番好きな果物がキウイです。バー
に行くとキウイカクテルはウォッカで作ってもら
うことが多かったのですが、あるとき、ジンベー
スで作っていたお店があって、それがキウイマ
ティーニでした。ジンの辛みとキウイの甘さが
マッチしていて、これこそカクテルだなと思って、
一気にハマりました。キウイにもいろいろな種
類があって甘味や柔らかさも変わってくるので、
バーテンダーさんの目利きがわかります。

お気に入り
第**5**位

マッチ度100点 キウイを存分に楽しむ

シンプルながらも奥深し！　個性の見せどころ

モヒート

普通　　さっぱり　　オール

[材料]
ホワイトラム 45ml ／ソーダ適量／砂糖 1tsp ／
ライム 1/2 個／ミント適量

グラスにライムを先に搾って皮ごと入れる。ミントと砂糖を入れて、砂糖を溶かしながらミントを潰す。クラッシュアイスを入れてラムを注いでソーダでグラスを満たして混ぜる。ミントの葉を飾ってストローをさして完成。

イエツネMEMO

僕が元々はミントが嫌いでデザートに乗ってきて香りがつくのも嫌なくらいでした。モヒートも誰が飲むんだ？と思っていたのですが、バーで飲んで衝撃を受けました。モヒートはラムの種類を変えたり、砂糖を変えたりすることで味わいが変わってくるので、その辺が奥深いなと感じています。バーテンダーさんの個性が出るので、ぜひバーで飲んでほしいカクテルですね。僕の飲み方はベロベロに酔っぱらったときに、スッキリさせるために飲むというパターンです（笑）。

エスプレッソ
マティーニ

普通　　苦甘　　食後

[材料]
ウォッカ 20ml ／カルーア 20ml ／
エスプレッソ 20ml ／砂糖 1tsp

ウォッカ、カルーア、エスプレッソ、砂糖を入れてシェイクし、グラスに注ぐ。最後にコーヒー豆を浮かべて完成。

イエツネMEMO

実は僕はコーヒーが苦手で、コーヒーを飲んでいる人はみんな我慢して飲んでいると思っていました（笑）。それくらいコーヒーの良さがわからなかったのですが、一度エスプレッソマティーニを飲んでみたら、印象がガラリと変わりました。こんな美味しいカクテルがあるのかと。エスプレッソの質によって味が変わってくるので、いろいろなバーで飲んでいます。それからはコーヒーも飲めるようになりました。感謝ですね。

コーヒーが苦手なあなたにこそ

お気に入り第2位

トロピカルキングとはコイツのこと

シークレットラブ

（普通）　（甘口）　（食後）

[材料]
ホワイトラム 30ml ／バナナリキュール 30ml ／
ミドリ 30ml ／パイナップルジュース 30ml ／
カルピス 10ml ／
レッドチェリー・グリーンチェリー・バナナ・花など

シェイカーに氷とホワイトラム、バナナリキュール、ミドリ、パイナップルジュース、カルピスを入れてシェイクする。クラッシュアイスを入れたグラスに注いで、飾りつけをして完成。

イエッネMEMO

1983 年のサントリーのトロピカルカクテルコンテストでグランプリを獲ったカクテルです。元々飲んだことがなかったのですが、YouTube のラムカクテル企画のときに自分で作って飲んでみたら、ビックリするほどの美味しさでした。僕はお子様舌で甘口が好きなので、ガッチリ好みにハマりました。お客様にもオススメしやすいので、バーテンダーとして助かるカクテルでもあります（笑）。

コスモポリタン

（普通）　（甘辛）　（オール）

[材料]
ウォッカ 30ml ／コアントロー 10ml ／
クランベリージュース 10ml ／
ライムジュース 10ml

ウォッカ、コアントロー、クランベリージュース、ライムジュースを氷と一緒にシェイカーに入れてシェイクし、グラスに注ぐ。

お気に入り第1位

飲みやすさ「IWGP世界」一級

イエッネMEMO

昔は強いお酒が飲めなくてジントニックやカシスオレンジを飲んでいたのですが、マティーニグラスで飲みたいという気持ちがありました。そんなときにバーテンダーさんが勧めてくれたのがコスモポリタンでした。初めて飲んだときに「こんな美味しいカクテルがあるんだ」と驚きました。バーテンダーさんによって、使うウォッカが違って、バリエーションの違いも味わうようになりました。カクテルの面白さを知ったカクテルなので、どこのバーに行っても飲むようにしています。

1分もかからずできちゃった!
瞬殺簡単ビルド

ビルドカクテルは材料を直接グラスに注いで
グラスの中でカクテル作るイメージです。
比較的初心者の方でも作りやすいカクテルを紹介します。

ジントニック

〔普通〕〔さっぱり〕〔オール〕

[材料]
ジン 30ml ／トニック 120ml ／ライム

日本一のど定番！ ライムはいつ搾る？

ライムの果肉部分に包丁を入れてからグラスに搾り入れる。そのグラスに氷、ジンを入れ、氷に当たらないようにトニックを入れる。軽く1回半くらい混ぜる。搾ったライムはそのまま入れても、皮だけを入れてもOK。

イエツネMEMO

ジントニックは日本で一番飲まれているカクテルです。食事中に飲む場合は、ライムは先に搾り入れたほうが味のバランスがいいのでオススメです。逆に食後に口をスッキリさせたい場合は、ライムの刺激を先に入れるために、最後に搾り入れる形でもいいかなと思います。

ジンバック

〔普通〕〔さっぱり〕〔オール〕

[材料]
ジン 30ml ／ジンジャーエール 120ml ／レモン

レモンの果肉部分に包丁を入れてからグラスに搾り入れる。そのグラスに氷を入れてからジンを入れ、ジンジャーエールを氷に当たらないように入れる。混ぜるのは1回半くらいでOK。

ジンの香りが4次元からあふれる

イエツネMEMO

ジンのジンジャーエール割りなので、ジントニック同様、日本人に人気のあるオーソドックスなカクテルです。ジンジャーエールを使ったカクテルではモスコミュールがダントツの人気ですが、ジンの香りが好きな方にはジンバックがオススメです。

爽快感MAX 夏の一発目でいっとく？

ジンリッキー

(普通) (超さっぱり) (オール)

[材料]
ジン 45ml ／ライム 1/2 個／ソーダ 120ml

ライムを半分にカットして、バースプーンで実に穴を開けて、スクイーザーで軽く搾り、皮ごとグラスに入れる。そこに氷を入れて、ジン→ソーダの順に注ぎ、軽く混ぜる。

イエッネMEMO

ジンリッキーは「お客様が作るカクテル」と言われていて、ライムの潰し方で味を変えられます。僕はライムをガッチリ潰す派です。飲み口が良くて邪魔をしないので、途中で休憩みたいな感覚で飲めるカクテルです。さっぱりしているので食後がオススメですが、夏は爽快感を味わうために一杯目でもいいですね。

ジンライム

(強い) (辛口) (食後)

[材料]
ジン 45ml ／ライム 15ml

氷を入れたグラスにジン→ライムの順に入れて軽くかき混ぜる。

寿司屋のコハダ的存在 店のスタイルが透ける？

イエッネMEMO

ジンのロックにライムを搾っただけなので、お酒を飲み慣れた人ではないと、飲みづらいかもしれません。自家製でライムシロップを作っているお店もありますが、安めのバーに行くと、市販の甘いライムシロップを使っている場合もあります。甘いシロップの場合は、「う〜ん」と思うかもしれませんね。

ちょいたし

炭酸が飛ばないようにバースプーンを下から一度上げるくらいの混ぜ方でOKです。

「恋の全部」を教えてくれる

ネグローニ

`強い` `辛口` `食前`

[材料]
ジン 30ml ／カンパリ 30ml ／
スイートベルモット 30ml ／オレンジスライス

グラスに氷を入れてお酒（ジン・カンパリ・スイートベルモット）は、強調したい順番に入れて、しっかり混ぜる。最後にオレンジスライスを入れて完成。

イエツネMEMO

カンパリは食前酒なのでイタリアでは食前に飲みます。お酒は強調したい順番に入れるのがポイントです。ジン→スイートベルモット→カンパリの順で入れたら、先にジンの香りが来ます。今回はビルドに分類していますが、ステアで作る人が多いカクテルです。

ジン＆イット

`強い` `甘辛` `食後`

[材料]
ジン 30ml ／スイートベルモット 30ml

ジンとスイートベルモットを入れる。ステアせずにグラスの中で混ぜて飲むのがオールドスタイル。

甘さが一気にかけぬける

イエツネMEMO

マティーニの原型と言われるカクテルです。製氷機のない時代に作られたカクテルなので氷は入っていません。当時のジンは砂糖が入っていて甘いジンでした。スイートベルモットと混ざるとかなり甘くなります。昔のスタイルに則るのであれば、オールド・トムジンで味わってください。

最強のバディ ここに見参！

ガルフブリーズ

(普通) (さっぱり) (オール)

[材料]
ジン 40ml ／クランベリージュース 60ml ／
グレープフルーツジュース 60ml

氷 の入ったグラスにジンを入れて、クラ
ンベリージュース、グレープフルーツ
ジュースを入れて、かき混ぜる。最後にレモ
ンを入れる。

イエッネMEMO

ウォッカベースのシーブリーズが有名
なブリーズ系と呼ばれるカクテルです。お酒が
ジンに変わるとガルフブリーズになります。グ
レープフルーツジュースだけだとさっぱりしす
ぎで、クランベリージュースだけだと甘すぎる
のですが、合わさるとお互いの欠点を補い合え
るので相性が抜群です。

ドッグスノーズ

(普通) (コク苦) (オール)

[材料]
ジン 45ml ／黒ビール適量

グ ラスにジンを注ぎ、その上から黒ビール
を注ぐ（好みのビールでも OK）。バース
プーンで下から上に上げるくらい軽く混ぜる。

黒ビールをひきしめるジンの香味

イエッネMEMO

ビールだけだと、そこまでアルコール
感がグッときませんが、ジンを入れることに
よってパンチが出ます。黒ビールとジンは意外
に相性がいいんです。黒ビールの味が締まる
印象があって、僕は結構好きなカクテルです。

ちょいたし 蒸留機がない時代のジンは味をごまかすために大量の砂糖が使われていました。

ニンジャ・タートル

(普通) (さっぱり) (オール)

[材料]
ジン 45ml ／ブルーキュラソー 15ml ／
オレンジジュース 120ml

ジン、オレンジジュース、ブルーキュラ
ソーを氷の入ったグラスに入れてかき
混ぜる。

突然変異のケミカルグリーン

イエツネMEMO

フレアの大会でよく課題として出るカ
クテルです。ジンとオレンジジュースは定番
の組み合わせなのですが、そこにブルーキュ
ラソーを入れることで色を緑にします。色から
タートル（亀）と名付けられています。

ブラッディ・サム

(普通) (辛口) (オール)

[材料]
ジン 45ml ／トマトジュース 120ml ／
レモン 1tsp

氷の入ったグラスにジンを入れて、トマ
トジュースを入れて、かき混ぜる。

イエツネMEMO

「食べるカクテル」と言われるブラッ
ディ・メアリーの派生形です。タバスコを入れ
たり、リーペリンソースを入れたり、ブラック
ペッパーやセロリなどを入れてもOKです。自
家製でトマトジュースを作る場合、トマトは
味にばらつきがあるので注意が必要です。ハ
マグリのエキスが入ったクラマトというトマト
ジュースを使うと、より美味しくなります。

TOMATOの奥深さを知る

初めて？ それならうってつけのがあるよ

グレイハウンド

普通　　さっぱり　　オール

[材料]
ウォッカ 45ml ／グレープフルーツジュース 120ml

氷の入ったグラスにウォッカを入れてからグレープフルーツジュースを入れて、軽く混ぜる。

イエツネMEMO

「ブルドッグ」という呼び方もあります。グレイハウンドはグレープフルーツジュースの味がすべてなので、生搾りにするか、普通のジュースにするかで、印象が変わると思います。お酒が苦手な人でも飲みやすいカクテルなので、初心者の方が初めてバーに行ったときに、最初に頼むのにオススメです。

ちょいたし

塩が苦手な人のためにハーフムーンという半分だけ塩をつけるスノースタイルの方法もあります。

ソルティ・ドッグ

普通　　さっぱり　　オール

[材料]
ウォッカ 45ml ／グレープフルーツジュース 120ml ／スノースタイル

スノースタイル（グラスのフチに塩や砂糖をまぶしつける技法）でグラスの周りに塩をつけ、グラスに氷を入れて、ウォッカ、グレープフルーツジュースを入れて、軽くかき混ぜる。

イエツネMEMO

元々は船乗りを意味するイギリスのスラングで、船乗りが汗だらけ塩だらけで働いていることが名前の由来です。そうした背景を考える塩はキレイにつけるよりも、荒々しくつけたほうがいいと思っています。どんな塩を使うかもバーテンダーのこだわりで、僕の場合は瀬戸内海で採れた塩を自分で調合して使っています。

「塩は荒々しく」が本流

「談話の友」をお探しですか？

ゴッド・マザー

(強い) (甘口) (食後)

[材料]
ウォッカ 45ml ／アマレット 15ml

ウ オッカ、アマレットを氷の入ったロックグラスに入れて、よくかき混ぜる。

イエッネMEMO

名前からわかる通り、ゴッド・ファーザーの派生カクテルです。ウォッカをロックで飲むのはきついという方が、アマレットの甘味を足して飲む形です。食後にお酒を少しずつ飲んで、ゆっくり喋りたいというときにオススメです。

スクリュードライバー

(普通) (さっぱり) (オール)

[材料]
ウォッカ 45ml ／オレンジジュース 120ml

ロ ンググラスに氷を入れ、ウォッカとオレンジジュースを入れて、軽く混ぜる。スライスしたオレンジを入れて完成。

イエッネMEMO

1940 年代にイランの油田で働いていたアメリカ人作業員がノドの渇きを癒すために作ったカクテルと言われています。工具のスクリュードライバーを使ってお酒を混ぜたことから、この名前がついたとされています。

オレンジジュースの「カッコいいところ」を見たいなら

さわやかなヤケ酒にいかが？

ハーベイウォール ハンガー

[材料]
ウォッカ 45ml ／オレンジジュース 120ml ／
ガリアーノ 1tsp

氷 の入ったグラスにウォッカ、オレンジ
ジュースを入れ、ガリアーノを 1tsp 投
入して、軽く混ぜる。

イエツネMEMO

大会に負けてヤケ酒としてこのカクテ
ルを飲んで酔っぱらったサーファーが、扉をド
ンドン叩いたことから「ウォールハンガー」と
名付けられたという由来があります。ガリアー
ノは簡単に言うと、アニスとハーブのリキュー
ルです。これを入れることで、スクリュードラ
イバーとはまた違った味わいになります。

ケープ・コッダー

[材料]
ウォッカ 45ml ／クランベリージュース 120ml

ウ ォッカとクランベリージュースを氷の
入ったグラスに入れて軽く混ぜる。

海辺の町のせつなさが溶けている

イエツネMEMO

これはアメリカですごく流行ったカク
テルです。アメリカのレストランでは必ずメ
ニューにあるくらいポピュラーで、ソルティ・
ドッグよりも馴染みがあるくらいです。ただ、
男性のお客様が頼むことはなく、ほぼ 100％
女性のお客様がオーダーしていました。原産地
のアメリカのマサチューセッツ州のケープコッ
ドが名前の由来です。

ちょいたし

ゴッド・マザーに使用する「アマレット」はあんずの核のリキュールです。

アフター・ディナーの黒い傑作

ブラック・ルシアン

強め 甘口 食後

［材料］
ウォッカ 40ml ／コーヒーリキュール 20ml

氷 の入ったグラスにウォッカ、コーヒーリキュールを入れて、よくかき混ぜる。

イエツネMEMO

ウォッカだけで飲むと舌がピリピリくるし、コーヒーリキュールだけで飲むと結構甘いのですが、合わせるとちょうどいい塩梅になります。水で割ると薄くなってしまうコーヒーリキュールが、ウォッカで割ると、アルコールの度数も保たれて、甘さも抑えられていい感じになるのです。どんなコーヒーリキュールを使うかがバーテンダーの腕の見せ所です。

ホワイト・ルシアン

普通 激甘 食後

［材料］
ウォッカ 40ml ／コーヒーリキュール 20ml ／
生クリーム 20ml

ウ ォッカ、コーヒーリキュールを氷を入れたグラスに入れて、よくかき混ぜる。最後に生クリームを入れる。エスプーマといって液体を固めてホイップクリームみたいに乗せる場合もある。

イエツネMEMO

本来は混ぜて出したほうが親切ですが、白と黒が混ざると見た目的にキレイではないので、まずは層が分かれた見た目を楽しんでもらうために、混ぜずに出します。見た目で楽しんだ後、お好みでかき混ぜて飲んでください。混ぜずに飲んで口の中で作るような感覚で飲んでもOKです。

白黒は自分でつける

ブラッディ・メアリー

普通 　辛口 　オール

[材料]
ウォッカ 45ml ／レモンジュース 5ml ／
トマトジュース 120ml

グラスに氷、ウォッカ、レモンジュース（生
搾り）、トマトジュースを入れてかき混
ぜる。好みでタバスコやセロリなどを入れる。

イエッネMEMO

イングランドの女王・メアリー一世が
プロテスタントを処刑ばかりしていて「ブラッ
ディ・メアリー」と呼ばれていたことに由来し
ています。ブラッディ・サム同様、タバスコ、
コショウなどでお客様の好みでアレンジしても
らいます。名前の由来を意識して、度数の高い
ウォッカを使って酔わせるカクテルにすること
もあります。

モスコミュール

普通 　さっぱり 　オール

[材料]
ウォッカ 45ml ／ライムジュース 15ml ／
ジンジャービア 120ml ／ライム

銅マグに氷を入れ、ウォッカとジンジャー
ビア、ライムジュース（生搾り）を入
れてかき混ぜる。

イエッネMEMO

グラスではなく銅マグを使うのには諸説
あります。ウォッカを売りたい商人、ジンジャー
ビアを売りたいバーテンダー、銅マグを売りたい
商人が酒場で出会って、その三つを売り出すため
に考案したカクテルだったという説が有名です。
居酒屋では普通のグラスで出てくると思います
が、銅マグで出すのが正しいスタイルです。

自由を祝いつづけよう

キューバ・リブレ

普通　　甘口　　オール

[材料]
ホワイトラム 45ml ／ライムジュース 10ml ／
コーラ 120ml ／カットライム

ラム、ライムジュース、コーラを氷の入ったグラスに入れて、軽く混ぜる。最後にライムを搾り入れる。※ジントニック同様、先にライムを入れる場合もある。

イエツネMEMO

第二次キューバ独立戦争の合言葉として使われた「Viva Cuba Libre」にちなんで作られたカクテル。自由を祝うという意味で「リブレ」という言葉が使われています。ハバナクラブの7年というダークラムを使うとすごく美味しいです。ちなみにライムではなく、レモンを搾るとラムコークになります。

ラム＆パイン

普通　　甘口　　食後

[材料]
ホワイトラム 45ml ／
パイナップルジュース 120ml ／
カット（ドライ）パイン／ミントチェリー

氷の入ったグラスにラムとパイナップルジュースを入れて混ぜる。最後にカットパイン、ミントチェリーを添えて完成。

イエツネMEMO

ラムはキューバやジャマイカ、プエルトリコなど南国の蒸留酒です。日本でも奄美諸島など南で作られていて、気持ちがハイになるお酒です。ラムにパイナップルを合わせることで、トロピカル感を楽しむことができます。トロピカルカクテルを簡単に味わいたいときはこれが一番ですね。パイナップルとラムは相性がいいですね。

今夜、トロピカルにアガってく

最高にチルいひととき

トロピカル・ゴールド

普通　甘口　食後

[材料]
ホワイトラム 45ml ／クレーム・ド・バナナ 15ml ／
オレンジジュース 120ml

ラムとバナナリキュールを氷の入ったグラスに入れたら、しっかりと混ぜ合わせて一体化させる。その後にオレンジジュースを入れて軽く混ぜる。こうすることで氷が溶けにくく、混ざりやすくなる。

イエツネMEMO

ラム＆パインよりもさらに甘味がほしいという方にオススメです。ラムとオレンジジュースだと酸味が勝ってしまいますが、ラムとバナナは相性が良く、バナナリキュールを入れることで、ちょうどいい甘味になります。とても飲みやすいカクテルです。

ラウンジ・リザード

普通　激甘　食後

[材料]
ダークラム 45ml ／
アマレット 15ml ／コーラ 120ml

グラスに氷を入れ、ラム、アマレットを入れてしっかり混ぜる。そこにコーラをゆっくり注いで軽く混ぜる。

ラムで強く、深く、甘く！

イエツネMEMO

ラムとアマレットは相性が良く、合わせるとすごく甘いカクテルになります。アマレットとコーラで作るアマレットコークも美味しいのですが、カクテルとしてはパンチが弱いので、ラムと合わせることで、アルコール度数を強く、味に深みを加えることができます。

ちょいたし　クレーム・ド・バナナはバニラとアーモンドのかすかな味わいがあるバナナリキュールです。

ラム好きが最後にたどり着く

ボグ・フォック

普通　さっぱり　オール

[材料]
ホワイトラム 45ml ／クランベリージュース 60ml ／
オレンジジュース 60ml

氷 の入ったグラスにラム、クランベリー
ジュース、オレンジジュースを入れて、
軽く混ぜる。

イエツネMEMO

クランベリージュースとオレンジジュー
スが入っているので、お酒を飲み慣れていない
方でも飲みやすいと思います。クランベリーと
オレンジはラムを邪魔しないので、ラムが好き
な人が、よりラムの味を楽しむことができるカ
クテルです。

ウィンドワード・
アイランド

普通　甘口　オール

[材料]
ゴールドラム 45ml ／ティアマリア 15ml ／
コーラ 120ml

ゴ ールドラムとティアマリアをしっかり
と混ぜ合わせる。そこにコーラを注い
で軽く混ぜる。最後にライムを入れてもOK。

イエツネMEMO

樽熟成したゴールドラムとティアマリアと
いうコールドブリューコーヒーリキュールを使い
ます。ラムが入ることで、カルーアコークに深み
とアルコール度数を加えたカクテルになります。
お客様の中にほとんどこのカクテルを知っている
人はいないので、ラムコークが好きで、甘いもの
が好きな方にオススメするようにしています。

ラムとコークのビターな共犯関係

レモンとはちみつは、いつも元気をくれる

カン・チャン・チャラ

普通 　甘口 　食後

[材料]
ゴールドラム 45ml ／レモンジュース 15ml ／
はちみつ 15ml

グラスにラム、レモンジュース、はちみつを入れて、かき混ぜる。

イエッネMEMO

キューバのトリニダにある「ラ・カン・チャン・チャラ」というレストランでのみ、提供されるカクテルです。トリニダは独立戦争の激戦地だったので、兵士がレモンとはちみつの入ったこのカクテルを飲んで元気を出したという歴史があります。※本来は陶器グラスで出すものですが、中の透明感が見えるようにグラスで撮影しています。

ブラックローズ

強い 　甘口 　食後

[材料]
ゴールドラム（ダークラム）45ml ／
アイスコーヒー 45ml ／
コーヒーシロップ 1tsp

氷の入ったグラスにラムとアイスコーヒーを入れてしっかりかき混ぜて、最後にコーヒーシロップを 1tsp 加える。

イエッネMEMO

ホワイトラムをロックで飲む人はいませんが、ゴールドラムは熟成しているので、ロックでも飲むことができます。これにコーヒーシロップを 1tsp 入れることによって、ゴールドラムの味わいに深みを加えることができます。ゴールドラムをしっかり味わえるカクテルですが、注文を受けたことはありません（笑）。

知る人ぞ知る「バリウマ極地」

ちょいたし　日本人はクランベリージュースをそれほど飲みませんが、アメリカ人が大好きな飲み物です。

「みんなで楽しめる」って最高だな？

ソルクバーノ

`普通` `さっぱり` `オール`

[材料]
ホワイトラム 30ml ／
グレープフルーツジュース 60ml ／トニック 90ml

ラムとグレープフルーツジュースを氷の入ったグラスに入れて、しっかりかき混ぜる。そこにゆっくりトニックを注いで、軽く混ぜる。

イエツネMEMO

グレープフルーツジュースとトニックの組み合わせなので、黄金レシピです。ポイントはラムとグレープフルーツジュースを入れて1回混ぜてからトニックを入れること。誰でも美味しく飲めるカクテルなので、お店でもたくさん注文されます。ちなみに、お酒がウォッカになると、ウォッカソルクバーノになり、こちらのほうがより飲みやすくなります。

ホット・バタード・ラム

`普通` `甘口` `就寝前`

[材料]
ダークラム 30ml ／角砂糖 1個／
バター 1かけ／熱湯 120ml

ラムと角砂糖を入れたグラスに熱湯を注いでかき混ぜる。最後にバターを入れる。

イエツネMEMO

バターを入れた後は混ぜてもいいですが、自然と溶けるので、僕の場合は軽く混ぜるだけで、バターが口に入ってくる感じを味わってほしいと思っています。シナモンを入れて、それで混ぜてもらうと、香りも楽しむことができます。めちゃくちゃ美味しくて、ホッとする味です。寒い時期は就寝前に飲むとよく眠れると思います。

冬のおやすみ前のよき友

ビルド
カクテル／テキーラ_{ベース}

エル・ディアブロ

普通 ／ 甘さっぱり ／ オール

[材料]
テキーラ 30ml ／カシス 15ml ／ライムジュース 10ml ／
カットライム／ジンジャーエール 120ml

氷 の入ったグラスにテキーラとカシス、ライムジュースを入れてしっかり混ぜる。そこにゆっくりジンジャーエールを注いで、軽く1回半くらい混ぜる。ライムは最後に搾る。

イエヅネMEMO

テキーラバックだと飲みづらいという人にも、カシスを入れることで甘味が加わり、飲みやすいカクテルになっています。甘味が苦手という方のために最後にライムを搾ると、甘さっぱりになります。「ディアブロ」＝「悪魔」という名前がついているように、色がどぎつい感じなのも特徴です。

「悪魔的にうめぇ〜」ってなるヤツ

テキーラ・サンライズ

普通 ／ やや甘 ／ オール

[材料]
テキーラ 45ml ／オレンジジュース 120ml ／
グレナディン 2tsp

グ ラスに氷を入れ、テキーラとオレンジジュースを入れて、しっかりと混ぜ合わせる。最後にバースプーンを伝わせて、グレナディンシロップを落とし入れる。オレンジを飾ってストローをさして完成。

イエヅネMEMO

マルガリータとともにテキーラの代表的なカクテルです。ローリングストーンズのミック・ジャガーが愛飲したカクテルで、音楽ファンに伝わり有名になりました。見た目も美しいので、オレンジ色からメキシコの陽気さも感じてもらえればと思います。

グッドモーニング、メキシコ

ちょいたし

イーグルスの楽曲に「テキーラ・サンライズ」という曲があります。

甘さとしつこくなさと力強さと

ブレイブ・ブル

（やや強） （やや甘） （食後）

[材料]
テキーラ 40ml ／コーヒーリキュール 20ml

氷 の入ったグラスにテキーラとコーヒーリキュールを入れて、しっかりかき混ぜる。

イエツネMEMO

ウォッカとカルーア（コーヒーリキュール）では物足りないという方は、ぜひこちらを試して！というカクテルです。テキーラをすごく感じることができますが、**日本ではあまり飲む人を見たことがありません**（笑）。ゴッド・マザーみたいな感じが好きな人にはバリエーション違いとしてオススメすることもあります。

TVR

（やや強） （甘口） （オール）

[材料]
テキーラ 20ml ／ウォッカ 20ml ／レッドブル１缶

グ ラスにテキーラとウォッカを入れてかき混ぜ、氷となじませる。好みの量のレッドブルを入れて軽く混ぜる。

快速急行、ほろ酔い行き

イエツネMEMO

テキーラ、ウォッカ、レッドブルの頭文字と、フランスの路面電車 TVR をかけたネーミングとなっています。テキーラとウォッカが入っているので、「急速に酔わせる」みたいなイメージです。かしこまったバーでは出ないカクテルなので、ガシガシ混ぜて飲んでください。余ったレッドブルでお酒の濃さを調整してください。

テキーラ一見さん、イラッシャ～イ！

ティファナ・スクリュー

(普通) (さっぱり) (オール)

[材料]
テキーラ 40ml ／グレープフルーツジュース 60ml ／
オレンジジュース 60ml

氷 の入ったグラスにテキーラ、グレープ
フルーツジュース、オレンジジュース
を入れて、軽く混ぜる。

イエツネMEMO

お店ではあまりオーダーされることは
ないカクテルですが、グレープフルーツジュー
スとオレンジジュースで割っているので、どな
たでも飲みやすいです。テキーラを初めて飲む
という人が、最初の一杯として飲むのに適して
いると思います。また、テキーラ・サンライズ
が好きな人にもオススメしたいです。

ちょいたし　ブレイブ・ブルは「勇ましい雄牛」の意味で、強そうな名前ですが、やや甘いカクテルです。

テキーラ・ハイランダー

(強い) (やや甘) (食後)

[材料]
ゴールドテキーラ 40ml ／ドランブイ 20ml

グ ラスに氷を入れ、テキーラとドランブ
イを入れて、よくかき混ぜる。

玄人なあなたはコチラ

イエツネMEMO

ドランブイは、ブレンドしたハイランド
のモルトウイスキーにハーブとスパイスを入れ
たものになります。このドランブイとテキーラ
を合わせているので、すごく複雑な味で、玄人
好みのカクテルです。

テキーラトニックを略して……

ビルド カクテル/**テキーラ** ベース

テコニック

普通 ／ さっぱり ／ オール

[材料]
テキーラ 45ml ／トニック 120ml ／カットライム

氷 の入ったグラスにテキーラを入れ、氷に当たらないようにトニックを入れる。軽く1回半くらい混ぜる。最後にライムを搾り入れる。

 イエッネMEMO

ジントニックの場合はライムを先に入れますが、テコニックは、ライムを最後に搾ることによって、テキーラの匂いを抑えることができて、一口目の飲み口が良くなります。テキーラとトニックだけだとお酒がきつく感じる人もいるので、最後にライムを搾るのがポイントです。テキーラトニックではなく、テコニックという名前もいいですよね。

マスター のひとりごと

カクテルは人によって正解が変わるもの

料理はしっかりレシピの分量を守って調理すれば、それなりに美味しいものが作れると思います。逆に言うと、レシピを守らないと、即失敗につながることが多いと言えるかもしれません。

これに対してカクテルは、必ずしもレシピに忠実である必要はありません。代表的なカクテルであったとしても、自分がもう少し甘味が欲しいと思ったら、それを足せばいいし、もっと炭酸が欲しいと思ったらソーダを多めにしてもいい。自己流にアレンジしても、自分が美味しいと感じれば、それが正解なのです。

お店でもお客様のオーダーや反応から、

好みを見極めてアレンジすることもあります。たとえば「大会で賞を獲ったカクテルを飲ませてください」と頼まれたとき、オリジナルが甘めなのに、お客様が甘いのが苦手だと感じていたら、「私のオリジナルは甘めなのですが、見たところお客様は甘めがあまりお好きではないようですね、もしよかったらアレンジさせてもらってもいいですか?」と提案します。それでもオリジナルがいいと言われればそのまま作りますし、「アレンジでお願いします」と言われれば、そのお客様に一番合うであろうアレンジをします。カクテルは人によって正解が変わるものなんです。

ごめん、もっとサッパリしちゃった…

テキーラ・サンストローク

普通　さっぱり　オール

[材料]
テキーラ 30ml ／グレープフルーツジュース 60ml ／
コアントロー 1tsp

ロックグラスに氷を入れ、テキーラ、グレープフルーツジュースを入れて、しっかりと混ぜ合わせる。そこにバースプーンを伝わせて、コアントローを落とし入れる。最後に飾りをつけて完成。

イエツネMEMO

テキーラとグレープフルーツ、コアントローの相性がいいので、すごく飲みやすいカクテルです。テキーラ・サンライズのツイストで、オレンジジュースをグレープフルーツジュース、グレナディンをコアントローに変えた形です。テキーラ・サンライズよりもさっぱりした印象です。

コロナスラム

強い　さっぱり　乾杯

[材料]
テキーラ 45ml ／コロナビール１本／
ライム 15ml ／スノースタイル

スノースタイルでグラスに塩をつけて、氷とテキーラとライムを入れる。このグラスにコロナを逆さまにして入れると、表面張力でちょうどいいところで止まるので、これで完成。

乾杯ならコイツでブチ上げよう

イエツネMEMO

乾杯で飲むのにオススメのカクテルです。炭酸を入れるカクテルは、炭酸が抜けないようにゆっくり注ぎ入れるのが普通ですが、コロナスラムは、チビチビ飲みカクテルではないので、荒々しく入れるのがポイントです。テキーラとコロナビールなのでアルコールは強めでありながら、意外とグイグイ飲めてしまうため、飲みすぎには気をつけましょう。

ちょいたし

「ツイスト」とはひねりを加えるということで、類似系のカクテルを「ツイスト」と呼びます。

ド定番ド真ん中。安酒にはレモンを搾って

ウイスキーハイボール

(普通) (さっぱり) (オール)

[材料]
ウイスキー 45ml ／ソーダ 120ml

グラスにウイスキーを入れて、氷とウイスキーをなじませる。そこに炭酸が飛ばないようにソーダを注ぎ入れて完成。お好みでレモンを入れても OK。

イエッネMEMO

定番中の定番とも言えるウイスキーカクテルの代表格です。いいウイスキーを使っている場合は、ソーダで割るだけで十分美味しく味わえます。安めのウイスキーの場合や、食事と合わせたいという場合は、レモンを搾るといいですね。どのタイミングで飲むか、どのウイスキーで飲むかは千差万別なので、自分にとって一番いい飲み方をしましょう。

オールドファッションド

(強い) (やや甘) (オール)

[材料]
バーボン 45ml ／アンゴスチュラビターズ 2dash ／
角砂糖 1 個／スライスオレンジ／
スライスレモン／マラスキーノ・チェリー

グラスに角砂糖を入れて、その上にアンゴスチュラビターズを振りかけて、少し砂糖を潰してからバーボンを入れる。スライスオレンジ、スライスレモン、マラスキーノ・チェリーなど好きなものを入れて、クラッシュアイスを入れて、マドラーを添えて完成。

イエッネMEMO

砂糖を潰して味を調整しながら、お客様が作るカクテルになります。最近、ネグローニに抜かれてしまいましたが、長らく世界で一番飲まれているカクテルでした。日本で飲む人は少ないですが、アメリカでは一番人気のカクテルです。日本では最初にジンフィズを頼んでバーテンダーの腕を見るのが一般的ですが、それの海外版みたいな感じです。

キミたちはどう飲むか

ミント・ジュレップ

香りも一緒にいただきます

普通　さわやか　食後

[材料]
バーボン 60ml ／砂糖 2tsp ／
ソーダ 2tsp ／ミント 5 枚

ジュレップグラスにウイスキーを入れて、クラッシュアイスを入れてから、ソーダを入れる。ミントを乗せた上に砂糖を振りかけて完成。

イエッネMEMO

ウイスキーソーダにミントはすごく相性が良く、**とくに海外の人が好む味です。**オールドファッションドと同じく、提供された後にお客様が自分の好みで混ぜて、ミントを潰して味を作っていくカクテルです。

サゼラック

強い　苦味　食後

[材料]
バーボン 60ml ／角砂糖 1 個／アブサン 5ml ／
アンゴスチュラビターズ 2dash ／レモンピール

氷の入ったグラスにバーボン、アブサン、角砂糖を入れて混ぜる。最後にアンゴスチュラビターズを落とし入れ、レモンピールを飾る。

世界最古がウマすぎる件ｗｗｗ

イエッネMEMO

サゼラックは世界最古のカクテルと言われていて、時代によって作り方が変化しています。古典的な作り方は、別のグラスにアブサンを入れてステアして、そのアブサンは捨てます。そこに氷、バーボン、角砂糖、アンゴスチュラビターズを入れて混ぜて完成です。最後にアンゴスチュラビターズを入れることで苦味を味わえるカクテルになります。

限りある人生、誰と過ごしますか

マミー・テイラー

普通　さっぱり　オール

[材料]
ウイスキー 45ml ／レモンジュース 15ml ／
ジンジャーエール 120ml ／カットレモン

ウイスキーとレモンジュース、ジンジャーエールを氷の入ったグラスに入れて軽く混ぜる。最後にレモンを搾り入れて完成。

イエツネMEMO

レモンとジンジャーエールで割る、いわゆる「ウイスキーバック」なので、レモンの酸味がウイスキーの風味を引き立て、ジンジャーエールの甘味も加わり、飲み口が良くなります。ブロードウェイで活躍していたシンガー、マミー・テイラーの名前がカクテルの由来と言われています。カクテル言葉が「いつもあなたと」なので、好きな人と飲むという人が多いですね。

パープル・フェザー

普通　甘口　オール

[材料]
スコッチウイスキー 40ml ／カシス 20ml ／
ソーダ 120ml

氷の入ったグラスにスコッチウイスキーとカシスを入れてしっかり混ぜる。そこに炭酸が飛ばないようにソーダをゆっくり注ぎ入れ、軽く混ぜる。

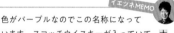

イエツネMEMO

色がパープルなのでこの名称になっています。スコッチウイスキーが入っていて、大人のカシスソーダみたいな感じです。飲み口も良く、ウイスキーも感じられるので、カシスソーダでは物足りないという方にオススメしたいカクテルです。

ちょっとオトナのカシスソーダ

ブランデー×コーヒーのイケナイ関係

ダーティー・マザー

`強い` `甘口` `食後`

[材料]
ブランデー 40ml ／コーヒーリキュール 20ml

ロックグラスに氷とブランデーとコーヒーリキュールを入れて、しっかりと混ぜる。

イエッネMEMO

「ダーティー」の名前の通り、ブランデーとコーヒーリキュールを混ぜると色は汚くなります。見た目は別として、ブランデーの甘味とコーヒーの苦味が意外と合うので、**お酒は強くても美味しく飲めるカクテル**だと思います。

フレンチコネクション

`強い` `甘口` `食後`

[材料]
ブランデー 45ml ／アマレット 15ml

氷の入ったグラスにブランデーとアマレットを入れて、しっかり混ぜる。

合法的なトビ方、見つけました！

イエッネMEMO

ゴッド・ファザーの派生形で、『フレンチ・コネクション』というアメリカ映画にちなんで命名されたカクテルです。同映画はフランスの麻薬ルートを警官が暴くという内容で、ゴッド・ファザーのウイスキーの代わりに、フランスのブランデーを使用しています。ブランデーは香りが強いですけど、アマレットとの相性もいいです。

混ぜ合わせれば超人級のウマさ

ハルク

(強い)　(甘口)　(食後)

- -

[材料]
ブランデー 30ml ／ヒプノティック 30ml

ヒ プノティックを氷の入ったグラスに注ぎ、その上からブランデーをフロートさせる。混ぜるとハルク色になるため、お客様には層になった状態で提供してから混ぜる。

イエツネMEMO

名前はもちろん、映画『ハルク』から取ったものです。下側に入っているのがヒプノティックというフルーツリキュールです。元々はコニャックで、そこにいろいろなフルーツを漬け込んで作ったリキュールなので、ロックで飲んでも美味しいです。このキレイな青を生かして、ブランデーを上にフロートさせる。そして混ぜるとハルクの色になるというカクテルです。

ファジーブラザー

(普通)　(甘口)　(オール)

- -

[材料]
ブランデー 40ml ／ピーチリキュール 20ml ／
オレンジジュース 120ml

氷 の入ったグラスにブランデーを入れてから、ピーチリキュール、オレンジジュースを入れて、軽く混ぜる。

ファジーネーブルのお兄さん!?

イエツネMEMO

ピーチリキュールとオレンジジュースを合わせたカクテル「ファジーネーブル」に、ブランデーを加えたものだから、兄弟カクテルということで「ブラザー」と命名されています。ファジーネーブルは女性を中心に飲みやすいカクテルとして知られていますが、ブランデーが入ることによってパンチが加わります。

バラに隠された二つの愛を紐解いて…

ジョセフィーヌ・ルージュ

普通　甘口　オール

[材料]
ブランデー 30ml ／ストロベリーリキュール 10ml ／
ピーチリキュール 10ml ／トニック 120ml

氷の入ったグラスにブランデー、ストロベリーリキュール、ピーチリキュールを入れてしっかり混ぜる。そこにトニックをゆっくり注ぎ、軽く混ぜる。

イエッネMEMO

ジョセフィーヌとはナポレオンの妻の名前です。ブランデーはナポレオンが愛したとされる「クルボアジェ」を使うのがポイント。クルボアジェのラベルには赤いバラが描かれていて、ジョセフィーヌがバラ愛好家だったということもあって「ジョセフィーヌ・ルージュ」と名付けられました。他のブランデーを使うと、本来の意味とは変わってしまいます。

バナナ・ブリス

強い　甘口　食後

[材料]
ブランデー 30ml ／クレーム・ド・バナナ 30ml

グラスに氷とブランデーとバナナリキュールを入れて、よくかき混ぜる。

ようこそ、ブランデー沼へ

イエッネMEMO

バナナリキュールにはたくさんの種類がありますが、どれを使ってもブランデーとの相性が良く、まとまった味になります。将来的にブランデーをロックで飲みたいという方には、手始めにバナナ・ブリスがオススメです。少しずつバナナリキュールの量を減らしていくと、ブランデーのロックを美味しく味わえるようになると思います。

ちょいたし　ヒプノティックはフランス語で「睡眠」を意味します。美味しくて飲みすぎると眠くなるかも。

女子ウケするブランデーって知ってる？

フレンチ・エメラルド

普通　　さっぱり　　オール

- -

[材料]
ブランデー 30ml ／ブルーキュラソー 10ml ／
トニック 120ml

ブランデーとブルーキュラソーを氷の入ったグラスに入れてよく混ぜる。そこに炭酸が飛ばないようにゆっくりとトニックを入れて、軽く混ぜる。最後にお好みでスライスレモンを添える。

イエツネMEMO

ブランデーはおじさんが飲むお酒というイメージがあると思います（笑）。女性に一緒に飲んでほしい男性が知っておくといいカクテルですね。ブランデーにブルーキュラソーを入れることで色がエメラルドになるので、見た目がキレイで女性も喜んでくれると思います。「こういう飲み方もあるよ」という感じでオススメしてみてください。

スノーマン

普通　　甘口　　食後

- -

[材料]
ブランデー 30ml ／ヨーギ 20ml ／
ピーチリキュール 10ml ／トニック 120ml ／
パールオニオン／ブラックオリーブ／チェリー／
ミント／パウダーシュガー

氷の入ったグラスにブランデー、ヨーギ、ピーチリキュールを入れてしっかり混ぜる。そこにトニックをゆっくり注いで軽く混ぜる。可愛らしい飾りつけをして完成。

「甘い雪」は心まで白く染める？

イエツネMEMO

ヨーギと、ピーチリキュールが入っているので、甘くて飲みやすいデザートカクテルです。ヨーグルトにトニックを加えると、雪のようになるところから、スノーマンと命名されています。ブラックオリーブやチェリー、ミントで可愛らしく飾るのもポイントです。

焼酎ブルー

弱め　さっぱり　オール

[材料]
焼酎 45ml ／グレープフルーツジュース 60ml ／
トニック 120ml ／ブルーキュラソー 15ml

氷 の入ったグラスに焼酎とグレープフルーツジュースを入れてよく混ぜ、トニックを注ぎ入れて軽く混ぜる。最後にブルーキュラソーを沈めて完成。

イエッネMEMO

お酒をグレープフルーツジュースとトニックで割る、いわゆるモーニスタイルのカクテルです。何にでも合う黄金レシピなので、焼酎にも合います。焼酎カクテルというと、おじさんぽいイメージがあるかもしれませんが、さわやかなブルーを入れることで見栄えも良くなっています。

アン・スイート・メモリー

強い　苦甘　食前

[材料]
焼酎 30ml ／カンパリ 30ml ／
ドライベルモット 30ml

氷 の入ったロックグラスに焼酎、カンパリ、ドライベルモットを入れて、しっかりかき混ぜる。

イエッネMEMO

ネグローニのジンを焼酎に変えたカクテルです。個人的にはジンで作る正統派のネグローニよりも飲みやすくてオススメです。ドライジンの辛さがない分、まろやかな感じになるので、より飲みやすいと思います。

スッキリ酔えるカルピスソーダ

焼酎ホワイト

（弱め）（甘口）（食後）

[材料]
焼酎 45ml ／カルピス 30ml ／ソーダ 90ml

氷の入ったグラスに焼酎とカルピスを入れてよくかき混ぜて一つの液体にする。そこに氷に当たらないようにソーダを入れ、軽く1回半くらい混ぜる。

イエツネMEMO

カルピスソーダに焼酎が入っている感じであり、見た目も泡がモコモコしていてカワイイので、お酒という感覚ではなく飲むことができると思います。焼酎があまり得意ではない方でも飲みやすいカクテルです。

サムライ・ロック

（普通）（さっぱり）（食後）

[材料]
日本酒 60ml ／ライムジュース 10ml ／
カットライム

日本酒とライム（生搾り or ジュース）を氷の入ったロックグラスに入れて、しっかり混ぜる。

イエツネMEMO

海外でも有名な日本酒のカクテルです。日本酒を最初からおちょこで飲むよりは、サムライ・ロックで提供するというのが主流みたいです。言うならばジンライムのジンを日本酒に変えたバージョンなので、飲みやすいですし、アルコール度数もそこまで高くないので、日本酒が飲めない方はぜひ、このカクテルを飲んでほしいです。

そして輝く、サムライソウル

ブラック・ナダ

普通　　甘口　　食後

[材料]
日本酒 40ml ／コーヒーリキュール 20ml

本酒とコーヒーリキュールを氷の入ったロックグラスに入れて、しっかりと混ぜ合わせる。

ポン酒の味わいはコーヒーで生かす

イエツネMEMO

ウォッカ＋コーヒーリキュールでブラック・ルシアンですが、お酒を日本酒に変えた形です。日本酒とコーヒーの相性が意外といいので、甘いお酒同士の掛け合わせでとても美味しいです。ただ、コーヒーリキュールを入れすぎてしまうと、日本酒の味わいが消えてしまうので、レシピよりもコーヒーリキュールは少なめでも OK です。

ジャパニーズ・キール・ロワイヤル

普通　　苦甘　　食前

[材料]
日本酒 80ml ／カシス 30ml ／ソーダ 60ml

の入ったグラスに日本酒とカシスを入れ、しっかり混ぜる。そこに氷に当たらないようにソーダを注ぎ入れ、軽く混ぜる。

日本生まれ、オシャレ育ち

イエツネMEMO

キール・ロワイヤルというスパークリングワインを使ったカクテルの日本酒バージョンです。日本酒にソーダを入れることで、日本酒のシャンパンみたいになり、カシスと合わさると甘口で飲みやすくなります。

ちょいたし　バーに行ったらお店オリジナルのシグネチャーカクテルはぜひ飲んでほしいです。

ビルド カクテル／赤ワイン ベース

ワインが苦手でもグイグイ飲めちゃう

キティ

 弱い 甘さっぱり 食前

[材料]
赤ワイン 90ml ／ジンジャーエール 90ml

ワ イングラスに赤ワインとジンジャーエールを入れて、軽く混ぜる。

> イエツネMEMO
>
> 「キティ」は英語で「子猫」という意味です。子猫でもなめられるくらい飲みやすいカクテルという意味があります。アルコール度数も低く、ワインの渋みが苦手な方でも美味しく飲めると思います。たとえばワインが苦手な人が、ワインで乾杯するときにみんなに合わせるとしたら、見た目の違和感もないでキティを頼むと良いでしょう。

カリモーチョ

弱い やや甘 オール

[材料]
赤ワイン 90ml ／コーラ 90ml ／レモンスライス

氷 の入ったグラスに赤ワインを入れ、コーラをゆっくり注ぎ入れて軽く混ぜる。最後にレモンを入れて完成。

> イエツネMEMO
>
> 個人的にはかなりオススメです。元々メキシコが発祥と言われていて、スペインで大衆的な飲み物となっています。スペインでは子どもでも飲むと言われるくらい、浸透しています。キューバ・リブレ（ラム＋コーラ）のバリエーションカクテルですが、ラムよりも赤ワインのほうが安いので手軽に飲めるカクテルとも言えます。

スペインでは子どもでも飲む？

「映えた」あとはかき混ぜましょう！

アメリカン・レモネード

弱い　さっぱり　オール

[材料]
赤ワイン 30ml ／レモン 30ml ／
シロップ 15ml ／水 90ml

氷の入ったグラスに水、レモン、シロップを入れてかき混ぜてレモネードを作る。その上から赤ワインをゆっくり注いでフロートさせる。最後のレモンを飾って完成。赤ワインは体積が軽いため浮きやすい。

イエツネMEMO

作り方のポイントはレモネードをしっかり作ることです。しっかり混ざっていないと、赤ワインが浮きません。層が分かれている状態でお客様にお出しして、映え写真を撮ったらしっかり混ぜて飲んでもらえればと思います。

ビルドカクテル／赤ワインベース

ローザ・ロッサ

普通　甘さっぱり　食後

[材料]
赤ワイン 60ml ／アマレット 30ml ／
ジンジャーエール 60ml

氷の入ったグラスに赤ワインとアマレットを入れよく混ぜる。その上から炭酸が飛ばないようにゆっくりジンジャーエールを入れて、軽く混ぜる。最後にレモンを入れて完成。

イエツネMEMO

「ローザ・ロッサ」とはイタリア語で「赤い坂」という意味です。キティでは物足りないという方は、リキュールが加わるぶんアルコールが強くなるので、こちらのローザ・ロッサを飲んでみてください。ワインとアマレットも相性が良く、甘さっぱりの飲み口になります。

「キティは物足りない」と思う、あなたに

ソーダやトニックでも、できるけど……

クイーン・シャーロット

弱い　甘口　オール

[材料]
赤ワイン 30ml ／グレナディン 10ml ／
セブンアップ 90ml

ワ イングラスに氷を入れ、赤ワイン、グレナディンをしっかり混ぜて、最後にセブンアップを入れて、軽く混ぜる。

イエツネMEMO

セブンアップの代わりにソーダやトニックを使用することもできますが、グレナディンとより相性がいいセブンアップを使用するのが個人的にはオススメです。

キール

普通　やや甘　オール

[材料]
白ワイン 60ml ／カシス 10ml

ワ イングラスに白ワイン、カシスを入れて軽く混ぜる。

イエツネMEMO

白ワインだけでは辛くて飲みづらいという方のために、カシスで甘味を加えたカクテルになります。フランスのブルゴーニュ地方のディジョン市の特産品である白ワインとカシスリキュールを使ったカクテルの普及に努めた市長の名前（フェリックス・キール）にちなんで、こう命名されています。ちなみに僕は氷を入れてグイグイ飲むのが好きです。

白ワイン嫌いでもイケます

お口をリセットするさっぱり食前酒

スプリッツァー

弱い　さっぱり　食前

[材料]
白ワイン 90ml ／ソーダ 60ml ／スライスレモン

氷 の入ったグラスに白ワインとソーダを入れて軽く混ぜる。スライスレモンを添えて完成。

イエツネMEMO

白ワインをソーダで割ってレモンを入れるというシンプルなカクテルで、食前酒として飲まれています。すごくさっぱりした飲み口が特徴です。スパークリングワインはお酒自体に炭酸が入っていますが、スプリッツァーは白ワインに炭酸を加えているので、アルコール度数は低くなります。

オペレーター

弱い　甘さっぱり　オール

[材料]
白ワイン 90ml ／ジンジャーエール 90ml ／
レモン 10ml ／レモンスライス

氷 の入ったグラスに白ワインとレモン果汁を入れて混ぜる。そこにゆっくりジンジャーエールを入れて軽く混ぜ、レモンを添えて完成。

イエツネMEMO

ジンジャーエール＋レモンのバックスタイルで、白ワインカクテルでは一番人気だと思います。最近は居酒屋でも目にすることが多く、実際、お店でもオーダーする方はとても多いです。元々、飛行機の管制官が休憩のときに飲んでいたと言われるくらい、アルコール度数が低くて、お酒が強くない方でも飲めるカクテルです。

居酒屋にもあるくらいメジャー人気

白ワインとピーチでキメる

ペシェ・キール

（弱い）（甘さっぱり）（食前）

[材料]
白ワイン 60ml ／ペシェ（ピーチリキュール）10ml

ワ　イングラスに白ワインとピーチキュールを注いでよく混ぜる。

イエツネMEMO

キールの派生形で、カシスがピーチリキュールになったものです。白ワインとピーチの相性が良いため、口当たりが良く、飲みやすいです。ペシェはフランス語で「桃」のことです。

メイフェア・スプリッツァー

（弱い）（苦さっぱり）（食前）

[材料]
白ワイン 60ml ／カンパリ 15ml ／ソーダ 60ml

氷　の入ったグラスに白ワインとカンパリを入れてよく混ぜる。炭酸が飛ばないようにゆっくりソーダを入れ、軽く混ぜる。お好みでレモンを入れて完成。

イエツネMEMO

スプリッツァーの派生形カクテルです。スプリッツァーにカンパリを入れることで、苦味を加えて、アルコール度数を上げて、食前酒に合うカクテルにしたものです。スプリッツァーよりも後味が苦いぶん、食前に飲むと食欲が出ると思います。テイストとしては「苦さっぱり」というわかりづらい表現になります。

テイストは「苦さっぱり」系？

「甘酸っぱい好き」のテッパン

キール・インペリアル

弱い　甘酸っぱい　食前

[材料]
スパークリングワイン 60ml ／
フランボワーズ 10ml

ワ イングラスにフランボワーズ、スパークリングワインを入れて、炭酸が飛ばないように軽く混ぜる。

イエツネMEMO

シャンパンカクテルでは「キール・ロワイヤル」がテッパンで一番人気です。このキール・インペリアルは「ロワイヤル」(王室) の上をいくカクテルということで、「インペリアル」(皇帝) と名づけられています。カシスよりもフランボワーズのほうが酸味があるため、カシスがフランボワーズに変わったもので、甘酸っぱいのが好きな方はこちらがオススメです。

キール・ロワイヤル

強い　甘口　食前

[材料]
スパークリングワイン 60ml ／カシス 10ml

ス パークリングワインとカシスをワイングラスに注ぎ、軽く混ぜる。

超簡単にできるスパークリング食前酒

イエツネMEMO

食前酒として代表的なカクテルです。
さっぱりしていて、アルコール度数も低いので、食前に飲むのに適しています。個人的にはミモザやベリーニのほうが好みですが、スパークリングワインを使ったカクテルの中では一番人気と言っていいでしょう。ちなみにシャンパンはスパークリングワインの一種でシャンパーニュ地方で作られたものを指します。

色づけするだけで「映え」度が超アップ

シャンパン・ブルース

`弱い`　`さっぱり`　`オール`

[材料]
スパークリングワイン 110ml ／
ブルーキュラソー 10ml ／レモンピール

スパークリングワイン、ブルーキュラソーをワイングラスに注ぎ、軽く混ぜる。最後にレモンピールを飾って完成。

> **イエッネMEMO**
> ブルーキュラソーで色づけをしただけで、ほぼスパークリングワインをそのまま味わうカクテルです。見た目的に青いスパークリングワインになると珍しいので、写真映えもすると思います。

ティツィアーノ

`低い`　`甘さっぱり`　`食前`

[材料]
スパークリングワイン 60ml ／
グレープフルーツジュース 30ml

ワイングラスにスパークリングワインとグレープフルーツジュースを入れて、軽く混ぜる。お好みでミントを飾って完成。

「酸味の二乗」で味わい深く

> **イエッネMEMO**
> スパークリングワインの酸味とグレープフルーツジュースの酸味を合わせた感じで、飲みやすく味わい深いと思います。ちなみにティツィアーノとは、イタリア・ルネサンス期の画家の名前です。

ピーチネクターの甘さが口いっぱいに

ベリーニ

弱い　甘口　食前

[材料]
スパークリングワイン 60ml ／
ピーチネクター 30ml ／
グレナディン 1 tsp

グラスにピーチネクターとグレナディン
を入れてよく混ぜる。そこにスパーク
リングワインを注ぎ入れて、全体を軽く混ぜる。

イエツネMEMO

イタリアのベニスにある、有名なレス
トランバー「ハリーズ・バー」が発祥のカクテ
ルです。さわやかな味のスパークリングワイン
の中にピーチネクターの甘さが広がって本当に
美味しいです。飲み口が良く、人気のあるカク
テルの一つです。

ちょいたし　レモンピールはレモンの果皮の意。カクテルではこれを軽くひねってエキスを含んだ脂肪を滴下することも指します。

ミモザ

弱い　甘口　食前

[材料]
スパークリングワイン 60ml ／
オレンジジュース 60ml

スパークリングワインとオレンジジュー
スをグラスに注いで軽く混ぜる。

できれば、生のオレンジで！

イエツネMEMO

元々、上流階級で飲まれていたカクテ
ルです。できれば生のオレンジジュースを使っ
てもらうと、より美味しく味わうことができま
す。鮮やかな黄色がミモザの花に似ていること
から、こう名付けられています。

111

ミントの「緑」で乾杯！

クリスタル・ライン

弱い さっぱり 乾杯

[材料]
スパークリングワイン 60ml ／
グリーンミント 10ml

ワ イングラスにスパークリングワインと
グリーンミントを入れて軽く混ぜる。

イエツネMEMO

シャンパン・ブルース同様、色に特化
したカクテルです。ミントとスパークリングワインの相性は良く、好きな人も多いです。さっぱりしているので乾杯に飲む一杯に良いでしょう。

ブラック・ベルベット

弱い 苦コク 乾杯

[材料]
スパークリングワイン 1/2 ／黒ビール 1/2

グ ラスにスパークリングワインと黒ビールを同時に混ぜ合わせるようにゆっくり注いで完成。

バーテンダーのスキルが問われる？

イエツネMEMO

このカクテルは漫画『バーテンダー』をきっかけに広がったカクテルです。主人公が黒ビールとスパークリングワインを同時に入れて、グラス一杯にピッタリと注ぐというシーンがあって、翌日からブラック・ベルベットが各地のバーでたくさん注文されるということがありました。注ぎ方の角度や泡の量など、バーテンダーのスキルが問われるカクテルだと思います。

シャンディ・ガフ

弱い 甘口 乾杯

[材料]
ビール 1/2 ／ ジンジャーエール 1/2

ビールとジンジャーエール、先に入れるべきは？

グラスにジンジャーエールを半分注ぎ、グラスを満たすようにゆっくりビールを注ぐ。最後にゆっくりバースプーンをグラスの底に入れて、底だけ軽く混ぜる。

イエツネMEMO

ビールにジンジャーエールを入れることで苦味がおさえられ、ビールが苦手な人でも飲みやすいカクテルです。グラスに半分ずつ入れるのでアルコール度数も低めです。ビールカクテルはいかに泡を作るかが大事です。泡をキレイに作るため、ジンジャーエール→ビールの順で入れます。ただし、家庭で作る場合は先にビールを泡立てながら入れて、少し泡が落ち着いたところでジンジャーエールを流し込むとキレイに泡ができます。

レッド・アイ

弱い さっぱり オール

[材料]
ビール 1/2 ／ トマトジュース 1/2

最初にトマトジュースをグラスの半分まで注ぎ、グラスを満たすようにゆっくりビールを注ぐ。

タバスコも入れて「締め」の一杯に

イエツネMEMO

僕の場合、レッド・アイは締めの一杯で飲むことが多いカクテルです。生のトマトを搾ってもらって、タバスコなども入れてもらって、最後に飲んで帰宅するというパターンです。一般的には市販のトマトジュースが使われていますが、生のトマトを使ったレッド・アイが僕は好きです。

ちょいたし　シャンディ・ガフは世界的にも有名なカクテルですが名前の由来は不明です。

ALC度数の高いビールを味わいたいときに

サブマリノ

(強い) (さっぱり) (乾杯)

[材料]
テキーラ 60ml ／ビール 180ml

テ キーラをグラスに注ぎ、その上からグ
ラスを満たすまでビールを静かに注ぎ
入れる。本来はテキーラをショットごとグラ
スに沈めるもの。

イエツネMEMO

テキーラとビールなので、景気づけに
飲むカクテルです。本来はテキーラの入った
ショットグラスをグラスに沈めて飲むもので
す。沈めることからサブマリノ（潜水艦）とい
う名前がついています。アルコールの強いビー
ルをガツンと味わいたい方にオススメです。

クランベリー・ビア

(弱い) (甘口) (食後)

[材料]
クランベリージュース 30ml ／
グレナディン 1 tsp ／ビール 180ml

ク ランベリージュースとグレナディンを
グラスに入れ、軽く混ぜる。その上か
らグラスを満たすように静かにビールを注ぎ
入れる。

木苺＋ビールで「静かに」作る

イエツネMEMO

クランベリー（木苺）ビールなど、フルー
ティーなビールも多いので、それをジュースで
作ってしまおうというカクテルです。こちらも
シャンディ・ガフ同様、家で作る場合はビール
を先に注いでから、クランベリージュースを入
れて、泡立たせるようにしましょう。

この
も「レモネードをしっかり」と

パナシェ

(弱い) (甘さっぱり) (乾杯)

[材料]
ビール 1/2 ／レモネード 1/2

グラスにレモネードを半分ほど注ぎ、残りのグラスを満たすように静かにビールを注ぎ入れる。

 イエツネMEMO

日本ではビールカクテルではシャンディ・ガフが有名ですが、海外ではパナシェのほうが多く飲まれていると思います。海外の方がお店に来ると、パナシェを頼みます。作るときのポイントはレモネードをしっかり作ることです。

エッグ・ビア

(普通) (甘口) (食後)

[材料]
アドヴォカート 60ml ／ビール 180ml

グラスにアドヴォカートを入れ、グラスを満たすように静かにビールを注ぎ入れる。しっかり混ざるようにかき混ぜる。

イエツネMEMO

クリーム状のリキュールであるアドヴォカートをビールで割ることによって、ミルクセーキのような味わいになります。アドヴォカートは混ざりにくいのですが、ガチャガチャ混ぜると泡が飛び出してしまうため、なかなか難しいカクテルです。

うまく作れたときは、ひとしおウマい

ちょいたし

アドヴォカートは卵黄や砂糖、ブランデー、バニラなどで作られたクリーム系のリキュールです。

ビルド カクテル／リキュール ベース

オレンジを生で搾ると、違った味わいに

カシスオレンジ

（弱い）（甘口）（オール）

[材料]
カシス 30ml ／オレンジジュース 120ml

氷 の入ったグラスにカシスとオレンジジュースを入れてよく混ぜる。

イエツネMEMO

日本では女性に一番飲まれているカクテルと言ってもいいかもしれません。居酒屋にもあるメニューであり、僕のお店でも一番多く出るメニューです。楽しみ方としては、カシスもいろいろな種類がありますし、オレンジジュースも生で搾ってみたり、アレンジをしてみると違った味わいを楽しめると思います。

カシス
グレープフルーツ

（弱い）（甘さっぱり）（オール）

[材料]
カシス 30ml ／グレープフルーツジュース 120ml

氷 の入ったグラスにカシスを沈めて、その上からグレープフルーツジュースを注ぐ。層に分かれた状態でお客様には提供し、よく混ぜて飲んでもらう。

イエツネMEMO

僕の個人的な好みで言うと、カシスオレンジよりもカシスグレープフルーツのほうが好きです。甘いカシスとさっぱりしたグレープフルーツの相性が抜群です。後味がすっきりしているほうが好みです。カシスは世界的にはそこまで人気はないのですが、日本ではすごく人気が高いですね。

グレープフルーツで「すっきりした甘さ」に

カシスウーロン

弱い さっぱり オール

[材料]
カシス 30ml ／ウーロン茶 120ml

氷 の入ったグラスにカシスとウーロン茶を入れて軽く混ぜる。

イエツネMEMO

居酒屋の定番メニューですね。乾杯で飲んでもいいし、甘いカクテルと比べると、料理と一緒でも味を邪魔しないし、どのタイミングでも飲めるカクテルです。ウーロン茶は甘いものと合わさっても、お互いの良さを消すことなく美味しく飲めます。そうしたところからも、ウーロン茶の持つポテンシャルはすごさを感じますね。

にしても、ウーロン茶のポテンシャル……

カシスミルク

弱い 甘口 食後

[材料]
カシス 30ml ／牛乳 120ml

カ シスを氷の入ったロックグラスに入れ、その上から牛乳をゆっくり注ぐ。二層に分かれた状態でお客様には提供する。飲む際にはよくかき混ぜる。

イエツネMEMO

カルーア・ミルクから派生したカクテルで、フルーティーで甘い牛乳といった表現になるでしょうか。ここではビルドカクテルとして紹介していますが、シェイクで作っても良いと思います。カシスと牛乳は共に混ざりにくいものなので、シェイクすることでよく混ざり、味が均一になり、フワフワで口当たりが良くなります。

シェイクにすると、味が「フワフワ」に

ちょいたし　カシスリキュールは甘いもの、酸味が強いもの、香りが良いものなど好みで選びましょう。

117

カシスオレンジ「卒業生」に

カシスソーダ

（弱い）　（さっぱり）　（オール）

- -

[材料]
カシス 30ml ／ソーダ 120ml ／スライスレモン

氷 の入ったグラスにカシスを入れ、ソーダをグラスに 1/3 くらい入れて、しっかり混ぜる。グラスの中でカシスソーダを作った後、残りのソーダをゆっくり注いで、軽く混ぜる。最後にスライスレモンを入れて完成。

イエツネMEMO

そろそろカシスオレンジを卒業したいなという人が、次のステップとして飲むのに最適です。カシスは混ざりづらい素材なのでソーダは一気に全部入れず、先に 1/3 程度入れてしっかり混ぜましょう。味のポイントはレモンを搾って入れること。レモンを搾ることで味が一気に締まって、美味しく飲めると思います。

ファジーネーブル

（弱い）　（甘口）　（オール）

- -

[材料]
ペシェ 30ml ／オレンジジュース 120ml ／
カットオレンジ

ペシェとオレンジジュースを氷の入ったグラスに注ぎ、しっかり混ぜる。カットオレンジを入れて完成。

お酒が苦手でも飲みやすい！

イエツネMEMO

カシスオレンジのカシスをペシェに変えたバージョンで、日本では女性の定番カクテルの一つと言えます。甘くてアルコール度数も低いので、お酒が苦手な人でも飲みやすいカクテルです。ペシェのほうがカシスよりも混ざりやすいため、ビルドでも味を均一に混ぜることができます。

レゲエパンチ

(弱い) (甘さっぱり) (オール)

[材料]
ペシェ 30ml ／ウーロン茶 120ml ／レモンピール

氷 の入ったグラスにペシェとウーロン茶を入れてよく混ぜる。お好みでレモンピールを入れて完成。

イエッネMEMO

いわゆるピーチウーロンですが、呼び名は仙台発祥のご当地ネームです。ご当地ネームというのは結構あって、カシスグレープフルーツも、愛媛県ではマダムロシャスと呼びます。隣の高知県ではマダムロゼと呼ばれています。これは高知のバーのマスターがパリ留学時にすれ違った女性の香水が印象に残り、その香りを再現しようと考えたものでした。それが愛媛に伝わって、マダムロシャスと呼ばれるようになりました。

偶然の「すれ違い」から生まれた

グランブルー

(弱い) (さっぱり) (オール)

[材料]
ウォッカ 30ml ／パッソア 15ml ／
グレープフルーツ 60ml ／ブルーキュラソー 1tsp

ウ オッカ、パッションフルーツリキュール、グレープフルーツを氷の入ったロックグラスに入れ、よくかき混ぜる。最後にブルーキュラソーを沈めて色づけをする。色合いを良くするためにレモンを飾っても OK。

「映え」よし！ 飲み口よし！

イエッネMEMO

フルーティーでトロピカルなカクテルです。パッソアが入っていてトロピカルなのですが、グレープフルーツでさっぱりしているので、飲み口が非常にいいです。色合いもキレイなので見た目にも楽しめます。

119

ビルド カクテル／リキュール ベース

最強タッグによる至高のウマさ

ピーチブラスター

弱い 甘さっぱり オール

[材料]
ペシェ 30ml ／クランベリージュース 120ml

ペシェとクランベリージュースを氷の入ったグラスに注いでよくかき混ぜる。お好みでレモンを入れても OK。

イエツネMEMO

ピーチブラスターという名前がついていますが、ペシェとクランベリージュースという非常に相性のいい素材を混ぜただけなので、間違いなく美味しいです。甘いリキュールと酸っぱいジュースの組み合わせで、甘さっぱりとした口当たりが魅力です。

カンパリソーダ

弱い さっぱり 食前

[材料]
カンパリ 30ml ／ソーダ 120ml ／スライスレモン

氷の入ったグラスにカンパリを入れ、氷に当たらないようにソーダを注ぎ入れて、軽く混ぜる。スライスレモンを入れて完成。カンパリはカシスよりも糖度が少なく混ざりやすいため、炭酸が飛ばないように軽く混ぜるだけで OK。

イエツネMEMO

カンパリとソーダだけだと薬のように感じる人もいると思います。レモンを搾ることでカクテルとしての美味しさが増します。カシスソーダと色合いは似ていますが、味はまったく違うので、甘いものが好きな方は間違えないように注意しましょう。個人的には酔っぱらっているときに飲むとシャキッとします。

レモン搾れば、ウマさ倍増

カンパリの良さを最大限に引き出すなら

スプモーニ

[材料]
カンパリ 30ml ／
グレープフルーツジュース 45ml ／
トニック 90ml ／スライスレモン

氷 の入ったグラスにカンパリ→グレープフルーツジュース→トニックの順で注ぎ、軽く混ぜる。最後にスライスレモンを入れて完成。

イエッネMEMO

カンパリの良さを最大限に引き出したカクテルです。"モーニスタイル"という言葉があって、ここからいろいろなカクテルが派生してできたほど、歴史的なトピックとなるカクテルだと思います。お酒をグレープフルーツとトニックで割るという、間違いない美味しさを提供してくれます。

カンパリ グレープフルーツ

[材料]
カンパリ 30ml ／グレープフルーツジュース 120ml ／
スライスレモン

カ ンパリとグレープフルーツジュースを氷の入ったグラスに入れてよくかき混ぜる。最後にスライスレモンを入れて完成。

イエッネMEMO

スプモーニの美味しさからもわかるように、カンパリとグレープフルーツの相性は抜群です。炭酸が苦手な方は、スプモーニではなく、こちらのカンパリグレープフルーツがオススメ。カンパリの良さを味わうことができます。初めてカンパリを飲むなら、カンパリソーダよりも、カンパリグレープフルーツのほうが良いでしょう。

炭酸苦手派はこちらを

ちょいたし

カンパリはビターオレンジ、コリアンダー、リンドウの根など約60種類の材料が使われています。

カンパリが甘さを調和

アメリカーノ

普通　さっぱり　乾杯

[材料]
カンパリ 30ml ／スイートベルモット 30ml ／
ソーダ 90ml ／スライスレモン

氷 の入ったグラスにカンパリ、スイートベルモットを入れてよく混ぜる。氷に当たらないようにソーダを注ぎ入れ、軽く混ぜる。最後にスライスレモンを入れて完成。

イエツネMEMO

カンパリもスイートベルモットも食前酒なので、乾杯で飲む一杯となります。カンパリソーダにスイートベルモットが入ることによって味わいが深くなります。スイートはその名の通り甘いので、ベルモットの甘さとカンパリの苦さが調和して、お互いの良さを引き出します。

ネグローニ・
ズバリアート

普通　さっぱり　食前

[材料]
カンパリ 30ml ／スイートベルモット 5ml ／
スパークリングワイン 120ml

カ ンパリ、スイートベルモットを氷の入ったロックグラスに入れて混ぜる。その上からスパークリングワインを入れて軽く混ぜる。

間違って入れたら、ウマかった

イエツネMEMO

ネグローニの発展形カクテルです。「ズバリアート」とはイタリア語で「間違った」という意味で、ネグローニを作るときにジンの代わりに間違ってプロセッコを入れてしまったことが名前の由来です。アメリカーノに飽きたらただの炭酸ではなく、スパークリングワインの入った、こちらを味わってもらえればと思います。

注文したら「やるな」と思われるヤツ

ゼウス

(強い) (さっぱり) (オール)

[材料]
カンパリ 40ml ／ウォッカ 20ml

カンパリとウォッカを氷の入ったロックグラスに入れ、よくかき混ぜる。

イエツネMEMO

カンパリとウォッカを混ぜただけなので、とにかく強烈です。パンチが欲しいなという人に飲んでもらえればと思います。ウォッカは基本的に無味無臭なので、カンパリが好きな人が、度数の強いお酒を飲みたいときにどうぞ。ちなみにお店で頼む人はほとんどいません。

カルーア・ミルク

(弱い) (甘口) (食後)

[材料]
カルーア 30ml ／牛乳 120ml

氷の入ったグラスにカルーアを入れ、その上から静かに牛乳を注ぎ入れる。お客様には二層になった状態で提供する。飲むときはしっかり混ぜる。

アクセントの加え方で変化も楽しむ！

イエツネMEMO

定番中の定番とも言える、超有名カクテルです。簡単に言うと、お酒の入ったコーヒー牛乳といった感じです。カルーアが甘いので、コーヒーが飲めない人でも飲めると思います。カシスミルク同様、シェイクで飲むのもOKです。シナモンを振りかけるなど、アクセントの加え方で変化を楽しむこともできます。

ちょいたし　スイートベルモットは白ワインに香草やスパイスを加えたフレーバードワインです。

「黄金レシピ」の一つ

メヒコ・パンチ

普通　甘口　オール

[材料]
カルーア 30ml ／レモンジュース 10ml ／
ジンジャーエール 120ml ／スライスレモン

氷 の入ったグラスにカルーアとレモン
ジュースを入れてしっかりと混ぜる。
ゆっくりジンジャーエールを注ぎ、軽く混ぜ
る。最後にスライスレモンを入れて完成。

イエツネMEMO

カルーアを使ったカクテルの中でも有
名なカクテルの一つです。ジンジャーエール＋
レモンの黄金レシピなので、誰でも飲みやすい
と思います。カルーアとジンジャーエールとい
うと、大丈夫？と思う方もいるかもしれません
が、カルーアは意外と炭酸との相性もいいので、
ジンジャーエールともマッチします。

カルーア・ツイスト

普通　甘口　オール

[材料]
カルーア 30ml ／コーラ 120ml ／レモンスライス

氷 の入ったグラスにカルーアとコーラを
入れて軽く混ぜる。最後にスライスレ
モンを入れて完成。

イエツネMEMO

カルーアコークにレモンスライスを入
れると、カルーア・ツイストになります。カル
ーア＋コーラは相性が良く、意外なほど美味しい
ので、炭酸が苦手でなければ騙されたと思っ
て、ぜひ飲んでほしい一杯です。カルーアを
牛乳だけで飲んでいるのはもったいないので、
飲み方の幅を広げてみましょう。

カルーアとミルクだけでは、もったいない！

カフェ・カルーア

普通　甘い　食後

[材料]
カルーア 20ml ／ホットコーヒー 150ml ／
砂糖 2tsp ／ホイップクリーム

グラスにカルーア、ホットコーヒー、砂糖を入れてかき混ぜる。その上からホイップクリームを乗せる。

イェッネMEMO

コーヒー×コーヒーなので間違いない組み合わせです。カルーアに甘味があるぶん、甘めのコーヒーといった感じです。食後にコーヒーを飲む感じで飲めるカクテルです。お店では帰る前の最後の一杯として注文する方もいます。

コーヒー×コーヒー！ 「最後の一杯」に

カルーア・ベリー

普通　甘口　食後

[材料]
カルーア 20ml ／フランボワーズ 30ml ／
牛乳 120ml

カルーア、フランボワーズを氷の入ったロックグラスに入れ、最後に牛乳を注ぐ。層になった状態でお客様に提供し、お好みでかき混ぜてもらう。

お好みで「かき混ぜ」も◎

イェッネMEMO

甘味のカルーアに酸味のあるフランボワーズを加えているので、味が締まって美味しいカクテルとなります。お店でも人気の高いカクテルです。それぞれの良さが引き出されます。

ちょいたし　フランボワーズはフランス語で「ラズベリー」の意味で、木苺のリキュールです。

大人向けカルピスソーダ

グリーン・カルピス

低い　　甘口　　オール

[材料]
ミドリ 20ml ／カルピス 30ml ／ソーダ 120ml

先にミドリとカルピスを氷の入ったグラスに入れてよくかき混ぜる。その上からソーダをゆっくりと注ぎ、軽く混ぜる。お好みでミントを添えても OK。

イエツネMEMO

簡単に言うと、アルコールが入ったメロン味のカルピスソーダです。ミドリは、昔は静岡県産のメロンしか使用していなかったため質が高く、**世界的に大ヒットした日本のリキュールです。**モコモコした泡の口当たりを楽しむこともできます。

メロンボール

普通　　甘口　　オール

[材料]
ミドリ 40ml ／ウォッカ 20ml ／
オレンジジュース 120ml ／スライスレモン

氷の入ったグラスにミドリ、ウォッカを入れてしっかり混ぜて、その上からオレンジジュースを入れて、軽くかき混ぜる。最後にスライスレモンを入れて完成。

ウォッカでグッと引き締まる

イエツネMEMO

ミドリとオレンジジュースだけでもカクテルとしては成立しますが、ジュースのような味わいになってしまいます。それではお酒として物足りないので、ウォッカを入れることで味は邪魔することなく、アルコール度数を高めています。

ミドリ・スプモーニ

(低い)　(さっぱり)　(オール)

[材料]
ミドリ 30ml ／グレープフルーツジュース 45ml ／
トニック 90ml ／レモンスライス

氷の入ったグラスにミドリとグレープフルーツジュースを入れてよくかき混ぜる。その上から炭酸が飛ばないように静かにトニックを入れ、軽く混ぜる。レモンスライスを入れて完成。

イエツネMEMO

グレープフルーツジュースとトニックの "モーニスタイル" なので、間違いない組み合わせです。モーニスタイルとミドリとの相性は最高です。甘さと酸味が絶妙に混じり合って、さっぱりした飲み口になります。これはぜひ飲んでもらいたいです。

シシリアン・キッス

(強い)　(甘口)　(食後)

[材料]
サザンカンフォート 40ml ／アマレット 20ml

サザンカンフォートとアマレットを氷の入ったロックグラスに入れ、よく混ぜる。

イエツネMEMO

サザンカンフォートはバーボンベースのピーチリキュールで、レモンやハーブ、フルーツもたくさん入っています。ロックでも美味しく飲めるリキュールです。ここにアマレットが入るため、お酒の度数は高めですが、甘いカクテルになります。

「定番カクテル飽きた勢」に知ってほしいウマさ

ソコジンジャー

低い 甘い オール

[材料]
サザンカンフォート 30ml ／
ジンジャーエール 120ml ／スライスレモン

最初にサザンカンフォートをグラスに入れて氷となじませ、ジンジャーエールをゆっくりと注ぎ、軽く混ぜる。最後にスライスレモンを入れて完成。

イエツネMEMO

僕が好きなカクテルの一つです。個人的にはサザンカンフォートとコーラの相性はあまり良くないと思っていて、サザンカンフォートと炭酸を組み合わせるなら、ジンジャーエール一択です。カクテルをあまり飲んだことがない人、カシスオレンジなどの定番カクテルに飽きた人に、よりカクテルの美味しさを知ってもらうために飲んでほしいカクテルです。

ボール・パーク

普通 甘い オール

[材料]
サザンカンフォート 30ml ／
テネシーウイスキー 15ml ／ソーダ 120ml ／
スライスレモン

氷の入ったグラスにサザンカンフォートとテネシーウイスキーを入れてよくかき混ぜる。その上から静かにソーダを注ぎ、軽く混ぜる。最後にスライスレモンを入れて完成。

イエツネMEMO

一時期、サザンカンフォートがバーボンベースではなく、スピリッツベースになったことがありました。味が落ちたと日本でもブーイングが起きたくらいです（現在はバーボンベースに戻っています）。バーボンベースのサザンカンフォートがなくなったときに、対抗措置として作られたカクテルです。

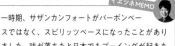ブーイングを黙らす美味しさ

フランボワーズ・カルーア

普通　　甘い　　食後

[材料]
フランボワーズ 30ml ／
カルーア 20ml ／牛乳 120ml

フランボワーズ→カルーアの順に氷の入ったロックグラスに入れてしっかり混ぜて、牛乳をゆっくりと注ぎ入れる。層になった状態でお客様に提供し、お好みでかき混ぜてもらう。

イエツネMEMO

日本ではカシスの人気が高いのですが、フランボワーズのリキュールはとても美味しいので、ぜひその魅力を知ってほしいと思っています。フランボワーズはカシスよりも酸味もあって色合いもキレイに出ます。カルーア＋カシス＋牛乳よりも、こちらの組み合わせのほうが相性はいいです。

フランボワーズ・グレープフルーツ

低い　　甘口　　オール

[材料]
フランボワーズ 30ml ／
グレープフルーツジュース 120ml ／
スライスレモン

氷の入ったグラスにフランボワーズ、グレープフルーツジュースを入れてよくかき混ぜる。最後にスライスレモンを入れて完成。

イエツネMEMO

カシスグレープフルーツに飽きたら、ぜひ試してもらいたいカクテルです。カシスグレープフルーツが好きな方なら、間違いなくハマる美味しさだと思います。作り方もシンプルなので材料さえあれば、家でも簡単に作ることができます。

あえての「フランボワーズ」なのよ！

フランボワーズ・ピーチ・カルピス

弱い 甘口 食後

[材料]
フランボワーズ 30ml ／ピーチリキュール 15ml ／
カルピス 15ml ／ソーダ 120ml

氷 の入ったグラスにフランボワーズ、ピーチリキュール、カルピスを入れてかき混ぜ、ゆっくりとソーダを注ぎ入れて、軽く混ぜる。

イエツネMEMO

カシスカルピスが有名でよく飲まれています。カシスではなく、あえてフランボワーズを使っています。フランボワーズの酸味部分をピーチで補完しながら、甘いカルピスを入れて、ソーダを注ぐので、フランボワーズの酸味は抑えた感じですけど、面白い組み合わせで美味しくなります。

ラズベリー・スネークバイト

普通 甘口 オール

[材料]
フランボワーズ 30ml ／
カシス 15ml ／ビール 180ml

グ ラスにフランボワーズ、カシスを入れてよくかき混ぜる。その上からグラスを満たすようにビールを注ぎ入れる。

「カシスビールは甘い」と思う、あなたに

イエツネMEMO

カシスビールというカクテルもありますが、人によっては甘すぎると感じることもあります。そこにフランボワーズの酸味を加えると、甘すぎずに美味しく飲めるカクテルになります。

炭酸でスッキリ感が加わる

ボッチボール

普通　甘口　オール

[材料]
アマレット 30ml ／オレンジリキュール 30ml ／
ソーダ 120ml ／
スライスオレンジ／マラスキーノ・チェリー

ア マレット、オレンジリキュールを氷の
入ったグラスに注いで、よく混ぜる。
その上からソーダを注ぎ入れて軽く混ぜる。
最後にスライスオレンジとマラスキーノ・チェ
リーで飾りつけて完成。

イエッネMEMO

これはとても有名なカクテルです。アマレット
とオレンジリキュールを合わせるだけでも十分美味し
いのですが、そこに炭酸を加えることで、すっきり感
が加わってより美味しく飲むことができます。芝生の
上でボウリングをするゲームのことをボッチボールと
言って、それがカクテルの名前の由来となっています。

ちょいたし　自家製のジンジャーエールを作っているバーも多いので店舗による違いも味わってみてください。

アマレットジンジャー

弱い　甘い　オール

[材料]
アマレット 30ml ／ジンジャーエール 120ml ／
スライスレモン

氷 の入ったグラスにアマレットとジン
ジャーエールを入れて軽く混ぜる。最
後にスライスレモンを入れて完成

杏仁豆腐好きならマスト

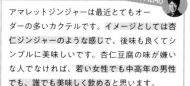

イエッネMEMO

アマレットジンジャーは最近とてもオー
ダーの多いカクテルです。イメージとしては杏
仁ジンジャーのような感じで、後味も良くてシ
ンプルに美味しいです。杏仁豆腐の味が嫌い
な人でなければ、若い女性でも中高年の男性
でも、誰でも美味しく飲めると思います。

131

初めてバーに行くときは、どんな振る舞いをしたらいいかと悩む方もいるかもしれません。そこで初めてのバーで失敗しないために、やってはいけない NG マナーを紹介します。

NG マナーその一、騒ぐ。

バーには二軒目、三軒目で行くこともあり、酔っぱらっていたとしても大声で話すのはマナー違反です。また、他のお客様に勝手に話しかけるのも控えたほうが良いでしょう。映画やドラマでは「あちらのお客様からです」みたいなシーンもありますが、これはやらないほうが賢明です。また、乾杯するときもグラスは鳴らさず、軽く上げるだけにしましょう。

NG マナーその二、勝手に座る。

バーテンダーは店内の空気をコントロールしています。お店に入ったら勝手に座るのではなく、「こちらにどうぞ」という形で案内されてから座るようにしましょう。「お好きな席へどうぞ」と言われた場合には、空いていればカウンターの端の席が店内も一望できて良いかと思います。ただ、端の席は常連さんがいる場合もあるので、バーテンダーに「ここでいいですか？」と確認すると、より良いでしょう。

NG マナーその三、勝手に触る。勝手に撮る。

お店のものを触るときには必ず許可を取りましょう。勝手に触って倒したり、壊したりしてしまったら大変なので、勝手にお店のものをいろいろと触らないでください。また、最近ではスマートフォンでカクテルの写真を撮るお客様も多いですが、トラブルを避けるためにもお店の人に一言断わってからのほうが無難です。

NG マナーその四、オーダーをしない。

一人最低 1 杯は頼むのがルールです。友達とシェアするような飲み方はやめましょう。ショートカクテルは 10 分、ロングカクテルなら 20 ～ 30 分を目安に飲み切りましょう。お店が混んできたらサッと飲んで帰るくらいのスマートさが大切です。

簡単に NG マナーを紹介しましたが、しっかりした礼儀、マナーがあれば、バーは誰に対しても優しい場所です。場の空気を読んで振る舞い、落ち着ける場所になると思います。基礎的な知識を入れて、お店のことをリサーチしておけば、大きな失敗をすることはありません。悩む前にバーに行ってみましょう。

4

自分、9割増しでカッコ良くない？
今日からできるシェイク

カクテルといえば、
シェイクカクテルを思い浮かべる方も多いでしょう。
この章ではシェイクで作られる
様々なカクテルを紹介します。

黄金レシピの「まずはここから」

ホワイトレディ

 普通　 さっぱり　オール

- -

[材料]
ジン 30ml ／コアントロー 15ml ／
レモンジュース 15ml

氷を入れたシェイカーにジン、コアント
ロー、レモンジュースを入れてシェイ
クし、グラスに注いで完成。

イエツネMEMO

ジンベースのシェイクカクテルでは
もっともポピュラーなカクテルの一つです。コ
アントローとレモンジュースの組み合わせは
テッパンであり、"ホワイトレディ系" と呼ば
れ、お酒＋コアントロー＋レモンジュースの黄
金レシピのベースとなるカクテルです。世界初
のカクテルブックを出版した偉大なバーテン
ダーのハリー・マッケルホーンが作ったカクテ
ルと言われています。

ブルームーン

強い　さっぱり　オール

- -

[材料]
ジン 30ml ／パルフェタムール 15ml ／
レモンジュース 15ml

ジン、パルフェタムール、レモンジュー
スを、氷を入れたシェイカーでシェイ
クし、グラスに注いで完成。

「飲む香水」に隠されたメッセージは？

イエツネMEMO

パルフェタムールを入れることでキレ
イな色に仕上がり、香りも良く、女性に好まれ
るカクテルです。月に一度しか見られない満月
が、一年に一度だけ同じ月に 2 回見られること
をブルームーンと言います。「珍しいこと」「滅
多に起こらないこと」から、「叶わぬ恋」とい
う意味があり、告白を断わるときのサインとし
て頼むカクテルとも言われています。

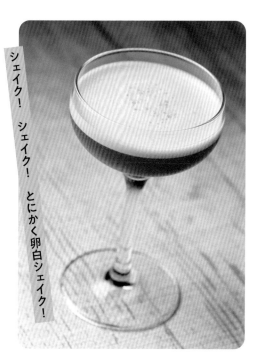

ピンクレディ

（普通）　（甘口）　（オール）

[材料]
ジン 45ml ／グレナディンシロップ 15ml ／
レモンジュース 1tsp ／卵白 1 個分

卵白を事前にフローサーで泡立てておき、氷を入れたシェイカーに泡立てた卵白、ジン、グレナディン、レモンジュースを入れて、よくシェイクし、グラスに注いで完成。

イエツネMEMO

200 年前から存在するカクテルです。ロンドンで「ピンクレディ」という舞台があって、その舞台の千秋楽の打ち上げで、出演者の女優に捧げられたカクテルで、舞台の名前がつけられました。グレナディンシロップが甘いため、ジンをそこまで強く感じることなく、飲みやすくなっています。ただ、卵白をうまくシェイクしないと美味しくならないので、しっかりシェイクしてください。

シェイク！ シェイク！ とにかく卵白シェイク！

ギムレット

（強め）　（辛口）　（食後）

[材料]
ジン 45ml ／コーディアルライムジュース 15ml

氷を入れたシェイカーにジン、コーディアルライムジュースを入れてシェイクし、グラスに注いで完成。

イエツネMEMO

イギリスの海軍が長い航海でビタミンC不足を補うために飲んだのが始まりと言われています。最初はジンとライムを氷もなく混ぜただけだったものが、19 世紀の終わり頃にシェイクされるようになって洗練されたとされています。ホワイトレディ同様、ジンベースのシェイクカクテルの代表格と呼べるカクテルです。

キレッキレの存在感

ちょいたし　パルフェタムールはバイオレットリキュールですみれのほか、バラ、バニラ、アーモンドの香りを感じられます。

自由に「世界」を召しあがれ

アラウンド・ザ・ワールド

強い　　甘口　　食後

[材料]
ジン 40ml ／グリーンミント 10ml ／
パイナップルジュース 10ml ／ミントチェリー

氷 を入れたシェイカーにジン、グリーンミント、パイナップルジュースを入れてシェイクし、グラスに注ぐ。最後にミントチェリーを飾って完成。

イエッネMEMO

ジンとミントリキュールとパイナップルジュースの比率はレシピがありますが、**飲む方の好みによって割合を変えてしまってOKです。**飛行機の世界1周路線の運航が始まったときに作られたカクテルコンテストがあって、それで優勝したカクテルということで、世界1周を意味する「アラウンド・ザ・ワールド」と命名されました。

青い珊瑚礁

強い　　やや甘　　オール

[材料]
ジン 40ml ／グリーンミント 20ml ／
砂糖少々／レッドチェリー

ジ ン、グリーンミント、砂糖を氷と一緒にシェイクし、グラスに注ぐ。最後にレッドチェリーを飾って完成。

「さわやかな景色」ごと楽しむ

イエッネMEMO

日本バーテンダー協会の第2回大会で優勝したカクテルで、1950年にできたカクテルです。グリーンが海を、赤いチェリーが島や珊瑚礁を表しています。

メキシカーノ

`普通` `甘口` `食後`

[材料]
ジン 30ml ／アマレット 15ml ／
ストロベリーリキュール 15ml ／
オレンジジュース 60ml

エイカーにジン、アマレット、ストロベリーリキュールを入れて、氷とともにシェイクし、氷の入ったグラスに注ぐ。その上からオレンジジュースを注ぎ入れ、軽く混ぜる。最後に飾りつけをして完成。

イエツネMEMO

1990年のメキシコのバーテンダー大会のロングカクテル部門で1位となったカクテルです。ジンのドライな味にアマレットとストロベリーリキュールの甘味、さらにオレンジジュースが加わり、甘くてフルーティーな味わいで、お酒が得意ではない方でも飲みやすい一杯です。

ロリータ

`強め` `甘さっぱり` `オール`

[材料]
ジン 40ml ／ピーチリキュール 10ml ／
ライムジュース 15ml ／レッドチェリー

ジン、ピーチリキュール、ライムジュースを入れて氷とともにシェイクし、グラスに注ぐ。最後にレッドチェリーを飾る。

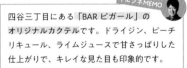

イエツネMEMO

四谷三丁目にある「BARピガール」のオリジナルカクテルです。ドライジン、ピーチリキュール、ライムジュースで甘さっぱりした仕上がりで、キレイな見た目も印象的です。

ちょいたし　アラウンド・ザ・ワールドはお好みでグリーンミントとパイナップルジュースの比率を変えてもOK。

牛乳とレモンがぴったり。グッモーニンッ‼

會舘ジンフィズ
<かいかん>

 普通　甘口　オール

[材料]
ジン 45ml ／牛乳 30ml ／レモンジュース 15ml ／
シロップ 1 tsp ／ソーダ 60ml

氷を入れたシェイカーにジン、牛乳、レモンジュース、シロップを入れてシェイクし、氷の入ったグラスに注ぐ。その上からゆっくりソーダを注ぎ、お好みでカットレモンやミントを飾って完成。

イエツネMEMO

丸の内にある東京會舘発祥のカクテルで、昔はアメリカの将校たちが社交場として東京會舘を利用していました。朝に飲むモーニングカクテルと呼ばれるのですが、朝からお酒を飲んでいると思われないように、牛乳を入れてカモフラージュしたというのが、このカクテルの始まりです。

５５１７

普通　甘口　食後

[材料]
ジン 30ml ／ミドリ 15ml ／ライムジュース 15ml ／
ホワイトミント 2dash ／ミント

ジン、ミドリ、ライムジュース、ホワイトミントを氷と一緒にシェイクし、グラスに注ぐ。お好みでミントを飾っても OK。

イエツネMEMO

銀座にある三笠会館は 90 年の歴史を持つ、和食からフレンチ、イタリアン、中華まで様々な料理を提供する老舗のレストランです。この中にある「Bar5517」の店の名前がついたオリジナルカクテルです。ミドリ、ライムジュースにホワイトミントで非常にバランスが良く仕上げられています。

「銀座の夜」をいただこうじゃないか

必要なのは、この「切れ味」

カミカゼ

 強め 辛口　オール

[材料]
ウォッカ 45ml ／コアントロー 1tsp ／
ライムジュース 15ml

ウ ォッカ、コアントロー、ライムジュース
と氷をシェイカーに入れてシェイクし、
氷の入ったロックグラスに注ぐ。

イエッネMEMO

神風特攻隊に由来するカクテルですが、
発祥は日本ではなくアメリカです。アメリカの
人が飲んだときに神風特攻隊のように切れ味
が鋭いということで、「カミカゼ」と名付けた
と言われています。

シーブリーズ

普通　甘口　オール

[材料]
ウォッカ 30ml ／グレープフルーツジュース 60ml ／
クランベリージュース 60ml

氷 を入れたシェイカーにウォッカ、グレー
プフルーツジュース、クランベリー
ジュースを入れてシェイクし、グラスに注い
で完成。お好みでカットレモンを入れる。基
本的にはシェイクで作るが、ロングで作る場
合もある。

「西海岸」へ行きたくなる味

イエッネMEMO

1970 年代から 80 年代のアメリカの西
海岸でブームになったカクテルです。グレープ
フルーツジュースとクランベリージュースなの
で、すっきりさわやかな味わいで、"夏のそよ
風"みたいなイメージです。とくに女性に人気
が高いカクテルです。

さぁ「情熱」を感じよう

セックス・オン・ザ・ビーチ

 普通 甘口 食後

[材料]
ウォッカ 15ml ／メロンリキュール 20ml ／
フランボワーズ 10ml ／パイナップルジュース 80ml

ウ オッカ、メロンリキュール、フランボワーズを氷と一緒にシェイカーに入れてシェイクし、氷の入ったグラスに注ぐ。その上からパイナップルジュースを注いで完成。お好みでカットレモン、パイン、ミントなどを飾る。

イエツネMEMO

トム・クルーズ主演の映画『カクテル』に登場して、日本でも幅広く知られるようになったカクテルです。フランボワーズの甘酸っぱさにパイナップルジュースの甘さに加え、メロンリキュールの香りも合わさって、トロピカル感を味わえます。

バラライカ

 強い 辛口 オール

[材料]
ウォッカ 30ml ／コアントロー 15ml ／
レモンジュース 15ml

氷 を入れたシェイカーにウォッカ、コアントロー、レモンジュースを入れてシェイクし、グラスに注いで完成。

イエツネMEMO

レシピを見てわかる通り。コアントローとレモンジュースの組み合わせで、ホワイトレディから派生してできたカクテルです。テッパンレシピで飲みやすいのですが、後からウォッカは効いてくるので注意が必要です。ちなみにバラライカとはロシアの民俗楽器のことです。口当たりに切れのある味わいです。

透きとおる口当たりとキレ

「趣き」と「味わい深さ」の絶妙なバランス

雪国

強い　甘辛　オール

[材料]
ウォッカ 40ml ／コアントロー 20ml ／
ライムジュース 2tsp ／砂糖／
ミントチェリー／スノースタイル

ス ノースタイルでグラスに砂糖をまぶす。氷を入れたシェイカーにウォッカ、コアントロー、ライムジュースを入れてシェイクし、グラスに注ぐ。最後にミントチェリーを飾って完成。

イエッネMEMO

1958 年のサントリー主催のカクテルコンテストで 1 位に輝いたカクテル。伝説のバーテンダーと呼ばれる山形県の井山計一さんという方が作ったカクテルです。甘味と酸味のバランスが整っていて、飲み口が良く高い人気を誇ります。

ちょいたし

オレンジの皮と香りで風味づけたキュラソーというリキュールで青に着色されたものがブルーキュラソーです。

ブルーラグーン

普通　さっぱり　オール

[材料]
ウォッカ 30ml ／ブルーキュラソー 20ml ／
レモンジュース 20ml ／
オレンジ（レモン）スライス／マラスキーノ・チェリー

氷 を入れたシェイカーにウォッカ、ブルーキュラソー、レモンジュースを入れてシェイクし、氷の入ったグラスに注ぐ。最後に飾りつけをして完成。

イエッネMEMO

1960 年にパリで作られたもので、ブルーラグーンとは「青い湖」のことで、それを表現したカクテルになっています。ブルーキュラソーの鮮やかな青に、レモンやマラスキーノ・チェリーを飾ることで、写真映えもするカクテルです。

飲む「絶景」

卵黄と生クリームで「理想郷」へ

アルカディア

普通 甘口 食後

[材料]
ウォッカ 15ml ／ミドリ 15ml ／カルーア 15ml ／
生クリーム 15ml ／卵黄 1個／チョコチップ／ミント

卵黄を先にしっかりと混ぜておく。氷を入れたシェイカーにウォッカ、ミドリ、カルーア、生クリーム、卵黄を入れてしっかりシェイクし、グラスに注ぐ。チョコチップ、ミントを飾って完成。

イエッネMEMO

日本の新橋清さん創作で、1993年のフィンランディアの国際カクテルコンテストにて、デザート部門で優勝したカクテルです。「アルカディア」とはギリシャ語で「理想郷」を意味します。濃厚で贅沢な甘味があり、甘い物が好きな方には、まさに理想郷と言えるかもしれません。

セックス・イン・ザ・ウッズ

普通 甘口 食後

[材料]
ウォッカ 45ml ／アマレット 20ml ／
ティアマリア 15ml ／パイナップルジュース 80ml

ウォッカ、アマレット、ティアマリアを氷と一緒にシェイカーに入れてシェイクし、氷の入ったグラスに注ぐ。その上からグラスを満たすようにパイナップルジュースを注いで完成。

イエッネMEMO

セックス・オン・ザ・ビーチのツイストカクテルです。パイナップルジュースはセックス・オン・ザ・ビーチと共通していますが、そこにアマレットとティアマリアを加えて、色が暗くなるので、ビーチではなく森（WOODS）と文字って名づけられたものです。

さぁ、「ほんのりダークな情熱」を感じよう

隠れたテッパンが、結局、一番！

クアルード

(普通) (甘口) (食後)

[材料]
ウォッカ 30ml ／フランジェリコ 15ml ／
ベイリーズ 15ml

氷を入れたシェイカーにウォッカ、フランジェリコ、ベイリーズを入れてシェイクし、グラスに注いで完成。

イエッネMEMO

これはあまり有名なカクテルではないのですが、味的にはテッパンと言っていいカクテルです。フランジェリコがナッツのリキュールで、ベイリーズはクリーム系のリキュールなので、ナッツとクリームの相性が抜群でハズレのない美味しさです。

エスポワール

(普通) (甘口) (オール)

[材料]
ウォッカ 30ml ／アプリコット 30ml ／
ジンジャーエール 120ml ／ライム

ウォッカ、アプリコットを氷と一緒にシェイクし、氷の入ったグラスに注ぐ。その上からジンジャーエールを注ぎ入れ、最後にライムを入れて完成。

口当たりに惑わされるな！ パンチ充分！

イエッネMEMO

アプリコットジンジャーにウォッカが入って、お酒が強めになっているので、口当たりは良くもパンチも利いた一杯です。「エスポワール」はフランス語で「希望」という意味で、同じ名称でもレシピが違うカクテルがあります。現在はオレンジジュースを入れるレシピが多くなっています。

ちょいたし コーヒーリキュールといえばカルーアが有名ですがティアマリアもイタリア産のコーヒーリキュールです。

「最高のカクテル」と言えるワケは？

XYZ

 強め 辛口 オール

[材料]
ラム 30ml ／コアントロー 15ml ／
レモンジュース 15ml

ラム、コアントロー、レモンジュースを氷と一緒にシェイカーに入れてシェイクし、グラスに注いで完成。

イエツネMEMO

コアントロー＋レモンジュースのホワイトレディ系カクテルなので、味は間違いありません。ラムの後味が好きな人はホワイトレディやバラライカよりも、こちらがオススメです。名前が「XYZ」とアルファベットの最後の3文字で、「もうこれ以上ない」最高のカクテルという意味です。

キューバン

 やや強 やや甘 オール

[材料]
ラム 35ml ／アプリコット 15ml ／
ライムジュース 10ml ／グレナディン 1 tsp

氷を入れたシェイカーにラム、アプリコット、ライムジュース、グレナディンを入れてシェイクし、グラスに注いで完成。

「濃密」な大人のムードたっぷり

イエツネMEMO

「キューバン」は「キューバの」「キューバ人の」という意味です。ラムの生産国としてはキューバが有名なので、それを前面に押し出したカクテルと言えます。アプリコットの芳醇な香りと、グレナディンの赤がキレイで、大人の雰囲気を醸し出しています。

コーラル

普通　　甘口　　オール

[材料]
ラム 30ml ／アプリコット 10ml ／
グレープフルーツジュース 10ml ／
レモンジュース 10ml

シェイカーにラム、アプリコット、グレープフルーツジュース、レモンジュースを氷と一緒に入れてシェイクし、グラスに注いで完成。

イエッネMEMO

フルーティーでジューシーな口当たりが人気のカクテルです。アプリコットの甘さをグレープフルーツジュースとレモンジュースがさっぱり仕上げているので、どんなシチュエーションや料理にも比較的よく合うカクテルです。

ちょいたし　スロージンは「ジン」の種類ではなく、スローベリー（西洋すもも）を使ったリキュールです。

シチュエーション問わずのジューシーな一杯

ミリオネーア

普通　　甘口　　食後

[材料]
ラム 15ml ／アプリコット 15ml ／
スロージン 15ml ／ライムジュース 15ml ／
グレナディン 1 tsp

氷を入れたシェイカーにラム、アプリコット、スロージン、ライムジュース、グレナディンを入れてシェイクし、グラスに注いで完成。

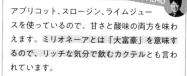

「億万長者」の贅沢を

イエッネMEMO

アプリコット、スロージン、ライムジュースを使っているので、甘さと酸味の両方を味わえます。ミリオネーアとは「大富豪」を意味するので、リッチな気分で飲むカクテルとも言われています。

甘酸っぱい「熱風」を感じて

ハバナ・ビーチ

普通　甘口　オール

[材料]
ラム 30ml ／パイナップルジュース 30ml ／
砂糖 1 tsp

ラム、パイナップルジュース、砂糖を氷と一緒にシェイカーに入れてシェイクし、グラスに注いで完成。

イエツネMEMO

名前はラムの産地として有名なキューバの首都、ハバナが由来です。パイナップルジュースが入って、フルーティーでトロピカルな味わいとなっています。

トワイライトゾーン

普通　甘口　オール

[材料]
ラム 30ml ／グレープフルーツジュース 30ml ／
アプリコット 1 tsp ／カシス 1/2tsp ／
レッドチェリー

氷を入れたシェイカーにラム、グレープフルーツジュース、アプリコット、カシスを入れてシェイクし、グラスに注ぐ。お好みでレッドチェリーを飾る。

とろけるような「薄明り」を満喫

イエツネMEMO

1984 年の日本バーテンダー協会のカクテルコンペティションで、毛利隆雄さんという方が創作部門 1 位を獲得したカクテルです。独特の色合いで見た目も良く、程良い甘さですごく飲みやすい一杯です。

「秘められた悲しみ」も一緒に

マルガリータ

 強い 辛口 オール

[材料]
テキーラ 30ml ／コアントロー 15ml ／
ライムジュース 15ml ／スノースタイル

ス ノースタイルでグラスのふちに塩をつける。テキーラ、コアントロー、ライムジュースを氷と一緒にシェイカーに入れてシェイクし、グラスに注いで完成。

イエツネMEMO

テキーラのシェイクカクテルではもっとも有名なカクテルの一つです。1949 年にアメリカのジャン・デュレッサーが考案したカクテルで、同年の USA ナショナル・カクテル・コンテストで入選したことで広く知られるようになりました。狩猟場で流れ弾に当たって命を落としてしまった、デュレッサーの若き日の恋人マルガリータを偲んで名付けられたそうです。

マタドール

 普通 甘口 オール

[材料]
テキーラ 30ml ／パイナップルジュース 45ml ／
ライムジュース 15ml

氷 を入れたシェイカーにテキーラ、パイナップルジュース、ライムジュースを入れてシェイクし、氷の入ったグラスに注いで完成。お好みでカットパインを飾る。

テキーラガツン系 勇ましき一杯

イエツネMEMO

パイナップルジュースとライムジュースの甘味と酸味で、飲み口がすごくいいので、テキーラが苦手な方でも飲みやすいと思います。後味でテキーラの良さがくるのもポイントです。マタドールとは「闘牛士」の意味です。テキーラカクテルは、他にも「ブレイブ・ブル」「ピカドール」など、闘牛に関わる名前が多いのが特徴です。

常緑のようなさわやかさ

エバー・グリーン

(普通) (甘口) (食後)

[材料]
テキーラ 30ml ／ジェット 15ml ／
ガリアーノ 10ml ／パイナップルジュース 90ml ／
カットパイン／マラスキーノ・チェリー／
チェリーミント

シェイカーに氷、テキーラ、ジェット、ガリアーノ、パイナップルジュースを入れてシェイクし、氷ごとグラスに注ぐ。カットパイン、チェリーなどを飾って完成。

イエツネMEMO

フルーティーかつさっぱりした口当たりが特徴です。ガリアーノやジェットといった薬草系を入れることによって、さわやかさを加えています。トロピカルなのに後味がさっぱりしているという、珍しいカクテルです。

モッキンバード

(やや強) (甘辛) (食後)

[材料]
テキーラ 30ml ／ジェット 15ml ／
ライムジュース 15ml

氷を入れたシェイカーにテキーラ、ジェット、ライムジュースを入れてシェイクし、グラスに注いで完成。

イエツネMEMO

モッキンバードとは、メキシコのモノマネ鳥という意味です。テキーラベースで美しい緑色であることから、この名前がついたと言われています。テキーラは後味が"うっ"とくるのですが、そこにミントの香り（ジェット）を入れることでさわやかにしています。ライムジュースも入っていてバランスがいいと思います。

強めのパンチをミントでやわらげ

スローテキーラ

普通　さっぱり　オール

[材料]
テキーラ 30ml ／スロージン 15ml ／
ライムジュース 15ml

ロックグラスにクラッシュアイスを入れる。テキーラ、スロージン、ライムジュースを氷と一緒にシェイクし、氷ごとグラスに注いで完成。

イエッネMEMO

スロージンとテキーラの相性が非常に良いです。自宅で作る場合は、テキーラは冷凍庫、スロージンは冷蔵庫で冷やしておくと、クラッシュアイスが溶けづらくなるので、最後まで美味しく飲めます。

アイスブレーカー

普通　さっぱり　オール

[材料]
テキーラ 30ml ／コアントロー 15ml ／
グレープフルーツジュース 40ml ／
グレナディンシロップ 5ml

テキーラ、コアントロー、グレープフルーツジュース、グレナディンシロップを氷とともにシェイクし、氷の入ったグラスに注いで完成。

イエッネMEMO

コアントローが入っているため、テキーラオレンジのようにオレンジの香りが入ってさわやかなカクテルです。グレナディンシロップは色づけの役割です。アイスブレーカーは「氷を砕くもの」という意味で、「打ち解ける」という意味もあります。その名の通り、材料がよく打ち解けあって、飲みやすくなっています。

気品あふれるグレフル＋ライチ

コンテッサ

（普通）（甘さっぱり）（オール）

[材料]
テキーラ 30ml ／ライチリキュール 10ml ／
グレープフルーツジュース 20ml

氷 を入れたシェイカーにテキーラ、ライチリキュール、グレープフルーツジュースを入れてシェイクし、グラスに注いで完成。

イエッネMEMO

コンテッサは「伯爵夫人」という意味のイタリア語です。グレープフルーツジュースとライチはテッパンの組み合わせで、そこに甘い香りがあるテキーラを混ぜることによって、バランスをとって、深みのある甘さを生んでいます。

ティファナ・チェリー

（普通）（甘口）（食後）

[材料]
テキーラ 30ml ／チェリーブランデー 30ml ／
レモンジュース 15ml

シ ェイカーに氷、テキーラ、チェリーブランデー、レモンジュースを入れてシェイクし、グラスに注いで完成。

チェリーとレモンが意外と合う

イエッネMEMO

チェリーブランデーとレモンジュースも相性のいい組み合わせです。この組み合わせで甘味を作っておいて、そこにテキーラの甘さも加わるため、甘口のカクテルとなります。テキーラとチェリーブランデーが同量入っているため、テキーラのきつさを強く感じず、甘さを感じながら飲むことができます。

テキーラのいいとこドリ！

マジック・バス

[材料]
テキーラ 40ml ／コアントロー 20ml ／
クランベリージュース 30ml ／
オレンジジュース 15ml

テキーラ、コアントロー、クランベリージュース、オレンジジュースを氷と一緒にシェイクし、グラスに注いで完成。

イエッネMEMO

テキーラ 40ml に対してコアントローが 20ml とたくさん入っています。さらにオレンジジュースとクランベリージュースも入っていて、テキーラは香るくらいの印象だと思います。果物のフルーティーさのほうが強く感じるので、テキーラ第二段階くらいのタイミングで飲んでほしい一杯です。

イブズ・ピーチ

[材料]
テキーラ 40ml ／ピーチジュース 20ml ／
オレンジジュース 30ml ／レモンジュース 15ml

氷を入れたシェイカーにテキーラ、ピーチジュース、オレンジジュース、レモンジュースを入れてシェイクし、グラスに注いで完成。

イエッネMEMO

テキーラカクテル全般に言えるのは、テキーラのいいところだけを出すように作るということです。テキーラとジュースだけ、あるいはリキュールだけだとバランスが悪くなるので、まず相性のいいもので味を作ります。たとえばこのカクテルなら、ピーチ＋オレンジ＝ファジーネーブルで味を作り、そこにテキーラを乗せて、レモンで味を調えます。オリジナルを作るときもこの法則を使うと美味しいカクテルを作れます。

フルーツ推しと見せかけ、実はテキーラ・イン

ちょいたし

コンテッサはグレープフルーツをピンクグレープフルーツにするとピンク・コンテッサになります。

151

間違いなく上品な一杯

チャーチル

`強い` `中口` `オール`

- -

[材料]
スコッチウイスキー 30ml ／コアントロー 10ml ／
スイートベルモット 10ml ／レモンジュース 10ml

氷 を入れたシェイカーにスコッチウイスキー、コアントロー、スイートベルモット、レモンジュースを入れてシェイクし、グラスに注いで完成。

イエッネMEMO

第二次世界大戦中のイギリスの首相、ウィンストン・チャーチルに敬意を払って作られたと言われるカクテルです。チャーチル首相の大胆なイメージとは異なり、繊細で上品な味わいのカクテルです。コアントローとレモンジュースというテッパンの組み合わせに甘味を加えるためにスイートベルモットが入っているので、味は失敗しようがありません。

ニューヨーク

`強い` `甘辛` `オール`

- -

[材料]
バーボン 45ml ／ライムジュース 15ml ／
グレナディンシロップ 1/2tsp ／
砂糖 1 tsp ／オレンジピール

シ ェイカーにバーボン、ライムジュース、グレナディンシロップ、砂糖と氷を入れてシェイクし、グラスに注ぐ。最後にオレンジピールを入れて完成。

イエッネMEMO

ニューヨークの夕焼けをイメージした色合いとなっています。夕方に出港する豪華客船から見たニューヨークの夜景をイメージして作られたと言われています。言ってみればギムレットのジンをウイスキーに変えて、夕焼けをイメージするためにグレナディンシロップを入れたカクテルです。度数は強くてもさっぱりして飲みやすいです。

アメリカならばウイスキー！「夕焼け」が見える？

「気取り方」も教えてくれる

ハイハット

普通　　甘さっぱり　　オール

[材料]
バーボン 40ml ／チェリーブランデー 10ml ／
グレープフルーツジュース 10ml ／レモン果汁 1 tsp

バーボン、チェリーブランデー、グレープフルーツジュース、レモンを氷と一緒にシェイカーに入れてシェイクし、グラスに注いで完成。

イエッネMEMO

「ハイハット」とは「威張り屋」「気取り屋」という意味です。バーボンとチェリーブランデーの相性が良いので、そこにレモンを入れて味をまとめています。バーボンの味がしっかりと感じる中に、チェリーブランデーの甘さもあり、さらにレモンの酸味もあるので、飲み口がとても良いです。ニューヨークよりもウイスキーの良さを感じると思うので、オススメです。

シャムロック

強い　　中辛　　オール

[材料]
アイリッシュウイスキー 30ml ／
ドライベルモット 30ml ／
シャルトリューズ・ヴェール 3dash ／
ジェット 3dash

氷を入れたシェイカーにアイリッシュウイスキー、ドライベルモット、シャルトリューズ・ヴェール、ジェットを入れてシェイクし、グラスに注いで完成。

イエッネMEMO

「シャムロック」はアイルランドの国花から名付けられたアイリッシュカクテルです。ミントグリーンとシャルトリューズという薬草系が入っていて、複雑な味になっているので、飲みづらく感じる方もいるかもしれません。アルコールも強く、ドライベルモットには甘味もないので、かなり上級者向けのカクテルと言えるでしょう。

この「クセ者」を楽しめるか!?

ちょいたし　シャルトリューズはブランデーベースの薬草系リキュールです。

トータルバランスで右に出るものなし

ロンリーハーツ

 普通　 甘さっぱり　オール

[材料]
バーボン 45ml ／アプリコット 10ml ／
レモンジュース 10ml ／グレナディンシロップ 5ml ／
アンゴスチュラビターズ 1 dash

バーボン、アプリコット、レモンジュース、グレナディンシロップ、アンゴスチュラビターズを氷と一緒にシェイカー入れてシェイクし、グラスに注いで完成。

イエツネMEMO

バーボンの甘味とアプリコットの甘さっぱりさ、レモンジュースの酸味とグレナディンシロップの甘さを入れて、アンゴスチュラビターズの苦味を加えて、バランスを整えています。マイナーなカクテルなのであまり知られていないと思いますが、甘味、酸味、苦味のバランスがいいカクテルです。

ノルマンディー・ジャック

強い　甘さっぱり　オール

[材料]
ジャックダニエル 45ml ／カルバドス 20ml ／
レモンジュース 15ml ／シロップ 10ml

氷を入れたシェイカーにジャックダニエル、カルバドス、レモンジュース、シロップを入れてシェイクし、グラスに注いで完成。

イエツネMEMO

ジャックダニエルとカルバドスというアップルブランデーを使用するため、とても良い香りがします。そこにレモンジュースの酸味とシロップの甘みを加えていて、ずっしりとした甘さを感じられます。後味としてアップルブランデーくらいのさわやかさがあって、完成されたレシピですね。マイナーなカクテルですが、個人的には好きなカクテルです。

甘いぞ！　甘いぞ！…のあとに爽快感！

おっと、意外とクリーミー

アルフォンソ・カポネ

[材料]
バーボン 25ml ／グランマルニエ 15ml ／
メロンリキュール 10ml ／生クリーム 10ml

シェイカーにバーボン、グランマルニエ、メロンリキュール、生クリームを氷と一緒に入れてシェイクし、グラスに注いで完成。生クリームが入っているので、しっかりシェイクすること。

イエッネMEMO

禁酒法時代のアメリカのギャング「アルフォンス・ガブリエル・カポネ」（アル・カポネ）の名前に由来したカクテルです。その名前からきついカクテルかと思われますが、甘くてクリーミーでバーボンの香りもしっかり感じられます。女性でもカッコ良く飲めるカクテルだと思うので、こちらもマイナーなカクテルですけど、オススメです。

ウイスキー・サワー

[材料]
ウイスキー 45ml ／レモンジュース 20ml ／
シロップ 5ml ／スライスレモン（オレンジ）／
レッドチェリー

氷を入れたシェイカーにウイスキー、レモンジュース、シロップを入れてシェイクし、グラスに注ぐ。スライスレモン（オレンジ）、チェリーなどで飾りつけをして完成。飾りはなくても OK です。

イエッネMEMO

レシピはいろいろあって、卵白を入れる場合もあり、まろやかで美味しくなります。もしも卵白を入れて作る場合は、シェイクする前にフローサーで卵白を溶いてからシェイクしてください。フローサーがない場合は、まずは氷を入れずにシェイクして、一度混ぜてから氷を入れてシェイクしてください。

レシピはひとつじゃない。王道が見せる懐の深さ

ちょいたし　カルバドスはフランスのノルマンディー地方で作られているリンゴを原料とした蒸留酒です。

「しっかり酔う」ならこれ！

ハリケーン

(強め)　(さっぱり)　(食後)

[材料]
ウイスキー 15ml ／ドライジン 15ml ／
ホワイトミント 15ml ／レモンジュース 15ml

ウイスキー、ドライジン、ホワイトミントリキュール、レモンジュースを氷と一緒に入れてシェイクし、グラスに注いで完成。

イエッネMEMO

ウイスキーとジンとミントの割合が1:1:1なので、飲んだら最初にさわやかさをグッと感じられます。お酒も強めなので、ハリケーンの名のごとく酔うこともできるカクテルです。

サイドカー

(強い)　(甘辛)　(オール)

[材料]
ブランデー 30ml ／コアントロー 15ml ／
レモンジュース 15ml

氷を入れたシェイカーにブランデー、コアントロー、レモンジュースを入れてシェイクし、グラスに注いで完成。

イエッネMEMO

ブランデーベースのシェイクカクテルといえば、このサイドカーです。お酒とコアントローとレモンジュースが2：1：1というオールドスタイルです。1900年くらいにロンドンで作られたと言われていて、いろいろな誕生秘話や創作エピソードがあるくらい、人気のカクテルです。間違いなく美味しいのでぜひ飲んでみてください。

エピソードにはことかかず。「古き良き」をグッと

キューバン・カクテル

強い　　甘口　　オール

[材料]
ブランデー 30ml ／アプリコット 15ml ／
ライムジュース 15ml

シェイカーにブランデー、アプリコット、ライムジュースを氷と一緒に入れてシェイクし、グラスに注いで完成。

イエツネMEMO

ラムベースのキューバンというカクテルと間違えやすいのですが、別物なのでお間違いのないようにしてください。ブランデーベースにアプリコットとライムジュースが入って飲み口が良く、サイドカーは苦手という方は、こちらのほうが飲みやすいと思います。

アレキサンダー

普通　　甘口　　食後

[材料]
ブランデー 30ml ／カカオブラウン 15ml ／
生クリーム 15ml

生クリームとブランデー、カカオブラウンを氷と一緒にシェイカーに入れてシェイクする。生クリームが入っているため、しっかりシェイクしてグラスに注いで完成。

カカオと生クリームでドン！

イエツネMEMO

イギリス国王エドワード７世が、愛するアレキサンドラ王妃の捧げたというカクテルです。食後向きのカクテルとして日本でも有名で、僕のお店でも注文が多く入ります。そもそも国王はお酒が飲めない奥様でも飲めるようにと作った甘口のカクテルなので、お酒があまり得意ではない方、ブランデーが苦手な方にもオススメです。

ホワイトペパーミントだから成せるこの涼しさ

スティンガー

（ 強い ）　（ 辛口 ）　（ 食後 ）

- -

[材料]
ブランデー 40ml ／ホワイトペパーミント 20ml

氷 を入れたシェイカーにブランデーとホワイトペパーミントを入れてシェイクし、グラスに注いで完成。

イエツネMEMO

スティンガーというのは「針」という意味で、その名の通り味わいに鋭さがあります。ブランデーのコクとホワイトペパーミントの刺すような爽快感を味わえます。家で飲むならシェイクはせずにロックグラスに入れて、ビルドで作っても美味しく飲めると思います。氷が入っているほうがゆっくり飲めていいかもしれませんね。

オリンピック

（ 普通 ）　（ やや甘 ）　（ オール ）

- -

[材料]
ブランデー 20ml ／コアントロー 20ml ／
オレンジジュース 20ml

ブ ランデー、コアントロー、オレンジジュースを氷と一緒にシェイカーに入れてシェイクし、グラスに注いで完成。

イエツネMEMO

パリの高級ホテル「ホテルリッツ」で生まれた、とても有名なカクテルです。1900 年のパリオリンピックを記念して作られたものであり、そのまま「オリンピック」の名前がついています。苦味のあるオレンジリキュール（コアントロー）をオレンジジュースで引き締めて、ブランデーはコクがあって後味がいいのでバランスがうまく取れています。こちらもビルドで作っても美味しいです。

オレンジが背中を押してくれる

春じゃなくても桜の花を楽しめる

チェリーブロッサム

(強め) (甘口) (オール)

[材料]
ブランデー 30ml ／チェリーブランデー 30ml ／
コアントロー・グレナディンシロップ・レモン 2dash

シェイカーに氷とブランデー、チェリーブランデー、コアントロー、グレナディンシロップ、レモンを入れてシェイクし、グラスに注いで完成。

イエッネMEMO

横浜の名門バー「バリ」のオーナーの田尾多三郎さんの創作カクテルです。チェリーブロッサムは桜という意味ですが、日本の桜というよりは、アメリカンチェリーのような色合いとなっています。もしかしたら作られた当時は、ピンクの色を出せるものがなかったのかもしれません。チェリーブランデーがたくさん入っているので、ブランデーのコクは後から感じられます。チェリーブランデーがメインという珍しいカクテルと言えるでしょう。

ビトウィーン・ザ・シーツ

(強い) (甘辛) (就寝前)

[材料]
ブランデー 20ml ／ホワイトラム 20ml ／
コアントロー 20ml ／レモン 1tsp

氷を入れたシェイカーにブランデー、ホワイトラム、コアントロー、レモンを入れてシェイクし、グラスに注いで完成。

おやすみ前にふさわしい一杯

イエッネMEMO

カクテル名が「寝床に入って」という意味なので、その言葉通り、眠る前に飲むに良いカクテルだと思います。アルコール度数は高くても、酸味と甘味があって口当たりがいいため、さらっと飲むことができます。有名なサイドカーにラムを加えただけなので、味の想像もつきやすいのではないでしょうか。

「甘すぎない」って大切じゃありませんか？

ジャック・イン・ザ・ボックス

普通 甘口 オール

[材料]
カルバドス 45ml ／パイナップルジュース 30ml ／
レモンジュース 15ml ／アンゴスチュラビターズ 2dash

カルバドス、パイナップルジュース、レモンジュース、アンゴスチュラビターズを氷と一緒にシェイカーに入れて、シェイクしてグラスに注いで完成。

イエツネMEMO

カルバドスはアップルブランデーです。ここにパイナップルジュースとレモンジュースを加えているので、フルーティーで後味もさわやかで飲みやすいカクテルです。フルーツ系だけだと甘くなりすぎてしまうため、アンゴスチュラビターズを入れて味を引き締めているところがポイントです。

ピスコ・サワー

普通 甘さっぱり オール

[材料]
ピスコ 60ml ／レモンジュース 20ml ／
シロップ 15ml ／卵白 1個／
アンゴスチュラビターズ 4drop ／シナモンパウダー

フローサーがある場合は先に卵白をフローサーにかけてから、他の材料と氷を一緒にシェイカーに入れて、シェイクして、グラスに注ぐ。フローサーがない場合は、卵白がしっかり混ざるようによくシェイクする。グラスに注いだ上からアンゴスチュラビターズを数滴垂らし、シナモンパウダーをかけて完成。

イエツネMEMO

ピスコはビンで熟成されるため色が透明です。昔はピスコという土器に貯蔵されていて、ピスコの港から出航されていたので、「ピスコ」と呼ばれるようになりました。ペルーの国民的カクテルです。ピスコ・サワーのおかげでピスコの生産量が世界的に伸びたと言われるくらいです。

いま大注目のピスコを味わうなら！

卵のシェイクがおいしさのコツ

エッグサワー

普通 ／ 甘口 ／ 食後

[材料]
ブランデー 30ml ／コアントロー 20ml ／
レモン果汁 20ml ／砂糖 1tsp ／卵 1 個

最初に卵をフローサーでよく潰しておいて、シェイカーにブランデー、コアントロー、レモン果汁、砂糖、卵を氷と一緒に入れてシェイクし、グラスに注いで完成。

イエツネMEMO

卵はしっかり混ざっていれば良いのですが、うまく混ぜることができないと生臭さが残ってしまうことがあります。自宅で飲む場合、シェイクがうまくできない人は避けたほうが良いかもしれません。酸味が必要なのでレモンは既製品のレモンジュースではなく、搾りたてのレモンを使用してください。

グラスホッパー

普通 ／ 甘口 ／ 食後

[材料]
ホワイトカカオ 20ml ／ジェット 20ml ／
生クリーム 20ml

氷を入れたシェイカーにホワイトカカオ、ジェット、生クリームを入れてシェイクし、グラスに注いで完成。お好みでミントを飾っても OK。

今夜の「締め」はこれで決まり！

イエツネMEMO

グラスホッパーはバッタのことですが、色から名付けられただけで、味にはまったく関係ありません。ミントの香りとカカオの香ばしさの相性が良く、どちらかと言うと、香りを楽しむカクテルと言えるかもしれません。生クリームが入ることでノド越しが良く仕上げられています。バーでは締めのデザート代わりに飲むのも良いでしょう。

ちょいたし

ピスコはペルーで生産されている無色透明のブドウの蒸留酒です。

意外にも「繊細な」味わい？

ゴールデン・キャデラック

普通　甘口　食後

[材料]
ガリアーノ 20ml ／ホワイトカカオ 20ml ／
生クリーム 20ml

ガ リアーノ、ホワイトカカオ、生クリームを氷と一緒にシェイカーに入れてシェイクし、グラスに注いで完成。

イエツネMEMO
グラスホッパーと同じく、ホワイトカカオと生クリームが入っていますが、薬草系のガリアーノが入ることで、複雑な甘味を楽しめるカクテルらしい一杯です。車の「キャデラック」にかけて、最上級という意味が込められていると言われています。

チャーリー・チャップリン

普通　甘さっぱり　オール

[材料]
スロージン 20ml ／アプリコット 20ml ／
レモンジュース（果汁）20ml

氷 を入れたシェイカーにスロージン、アプリコット、レモンジュースを入れてシェイクし、氷の入ったグラスに注ぐ。

イエツネMEMO
スロージンがイギリス生まれということもあり、イギリス出身の喜劇王チャールズ・チャップリンにちなんで名付けられたカクテルです。これは僕もバーに行ったらよく頼むカクテルなので、ぜひ多くの方に飲んでいただきたいです。甘すぎずさっぱりしていて、リフレッシュしたいときに飲むのに最適です。

親しみやすさならおまかせ　まさに喜劇王

バイオレットフィズ

(普通) (さっぱり) (オール)

[材料]
バイオレット 20ml ／ジン 30ml ／
レモンジュース 15ml ／シロップ 10ml ／
ソーダ 75ml ／ミントチェリー／
スライスレモン

シ エイカーに氷と材料を入れてシェイクし、氷の入ったグラスに注ぐ。グラスを満たすようにソーダを注ぎ、ミントチェリーやスライスレモンを飾って完成。

イエツネMEMO

すみれの香りをパッと感じることができます。それをジンが締めてアルコール度数を上げてくれて、さらにソーダで割っているので、さっぱりと飲めます。甘いのがあまり得意ではないという方にとくにオススメです。色もキレイで見た目もいいカクテルです。

吹きぬける「すみれ」の香り

ピンポン

(普通) (さっぱり) (オール)

[材料]
スロージン 30ml ／バイオレット 30ml ／
レモン 1tsp

氷 を入れたシェイカーにスロージン、バイオレット、レモンを入れてシェイクし、グラスに注いで完成。

最強タッグが参りました！

イエツネMEMO

「スロージン＝スモモ」と「バイオレット＝すみれ」なので、めちゃくちゃ相性のいい組み合わせです。二つのバランスを崩さないようにレモンを少しだけ入れて味を調えています。二つのリキュールの特徴を前面に出したカクテルです。

ちょいたし
ホワイトカカオはミルクチョコレートのフレーバーに加えバニラやアプリコットの風味も感じられます。

ひと口飲めば南国！　今夜もありがとう

マルルウ

普通　フルーティー　食後

[材料]
ミドリ 45ml ／ウォッカ 30ml ／
パイナップルジュース 60ml ／
レモンジュース 10ml ／ココナッツミルク 20ml ／
ライム・メロン・花など

トロピカルな感じのグラスにクラッシュアイスを入れる。氷を入れたシェイカーにミドリ、ウォッカ、パイナップルジュース、レモンジュース、ココナッツミルクを入れてシェイクし、用意しておいたグラスに注ぐ。花やライムなどで飾りつけをして完成。

イエッネMEMO

メロン（ミドリ）、パイナップルジュース、ココナッツミルクという素材からもわかるように、トロピカルな一杯です。一口飲んだら南国気分を感じるでしょう。「マルルウ」はタヒチ語で「ありがとう」の意味ですが、最初に作られたのはタヒチではなく、日本のカクテルです。

ハリウッド・ナイト

普通　
フルーティー　オール

[材料]
マリブ 45ml ／ミドリ 15ml ／
パイナップルジュース 15ml

マリブ、ミドリ、パイナップルジュースを氷と一緒にシェイカーを入れてシェイクし、グラスに注いで完成。

さわやかな「南風」を感じてみよう

イエッネMEMO

ココナッツリキュールのマリブ、メロンリキュールのミドリとパイナップルジュースの組み合わせなので、フルーティーなカクテルです。南国、フルーティーさを出すには申し分のない組み合わせです。

目を閉じれば「華麗なる王宮の夜」

楊貴妃

普通　さっぱり　オール

[材料]
ライチリキュール 10ml ／桂花陳酒 30ml ／
グレープフルーツジュース 20ml ／
ブルーキュラソー 1tsp

氷を入れたシェイカーにライチリキュール、桂花陳酒、グレープフルーツジュース、ブルーキュラソーを入れてシェイクし、グラスに注いで完成。

イエヅネMEMO

リキュールカクテルの中でもトップクラスに有名です。東京のフォーシーズンズホテルのバーで作られた日本のカクテルで、桂花陳酒を使った珍しい一杯です。かの有名な楊貴妃が好きだったライチのリキュールを使用していることから、こう命名されています。こちらも有名な「チャイナブルー」のもとになったカクテルでもあります。

マスターのひとりごと

カクテルはタイミングも大事

　バーで飲むカクテルは、ショートカクテルなら10分くらい、ロングカクテルなら20分くらいかけて飲むのが一般的です。お店に1時間滞在するとしたら3杯くらい頼むのがスマートな感じです。

　居酒屋で飲むのとは違って、時間をかけて飲むため、ソーダやトニックなど炭酸を入れるカクテルを作るときは、ソーダを氷の隙間からゆっくり入れて、バースプーンを入れたら氷を上げて半回転させるくらいにして、炭酸が飛ばないように細心の注意を払います。

　ただ、これはシチュエーションによって変えることもあります。トニックを入れたら

ガチャガチャかき混ぜたほうが、一口目は美味しいものです。ノドが渇いていて、一杯目のジントニックは二口、三口で飲んでしまうというお客様には、この出し方をしたほうが喜ばれるわけです。

　逆に食事をした後でゆっくりジントニックを飲みたいという方に、ガチャガチャかき混ぜて出してしまうと、炭酸がすぐに飛んでしまうので好ましくありません。カクテルはタイミングもすごく大事です。

　外の気温やお店に入ってきたときの温度、そのときの気分によって感じ方も違いますし、タイミングによって正解が変わることもカクテルの面白いところです。

ちょいたし　マリブはカリブ海のラムがベースのココナッツリキュールです。

甘い…甘い…甘いのレシピ

ベイリーズ・マリブ・スライド

普通　　甘口　　食後

[材料]
ベイリーズ 30ml ／カルーア 30ml ／
マリブ 30ml ／シナモン

ベイリーズ、カルーア、マリブを氷と一緒にシェイカー入れてシェイクし、グラスに注いで完成。最後にシナモンを乗せればOK。

イェツネMEMO

僕がめちゃくちゃ好きなカクテルの一つです。マッドスライドというカクテルがあって、それをマリブで作ったというツイスト系です。ベイリーズ、カルーア、マリブを1：1：1で甘い：甘い：甘いという、とにかく甘いので、デザートとして飲んでみてください。

マスターのひとりごと

捨てるものから作られたラム

　4大スピリッツの一つ、ラムはP29で紹介したようにサトウキビから作られます。

　かつて"奴隷貿易"とも呼ばれた三角貿易により、砂糖が売れて生産量が上がりました。それだけ砂糖が売れるということは、砂糖にはならない糖蜜が余るようになります。糖蜜を捨てるのはもったいないということで、発酵、蒸留していってラムは誕生しました。奴隷制度により砂糖が大量生産されたことで、ラムは誕生したと言えます。

　当初、ラムは壊血病を予防すると信じられていて、薬として、また奴隷の栄養補給用として配給されていました。蒸留が不十分で美味しく飲めるものではなかったので

す。

　そんな折、1693年にフランスの修道士であるペール・ラバがコニャック技師に、コニャックを作るように丁寧に蒸留させてラムを作ったところ、一気に品質が向上します。元々は捨てる糖蜜から作られたものであり、価格が安く、さらに美味しいとなると、一気に人気が上昇していきました。その結果、「ラムを作るために砂糖を作れ」という逆転現象が起こったのでした。

　その後、糖蜜からラムを作るのではなく、サトウキビ100％ジュースから作る方式ができればムダがないということで誕生したのが、アグリコールラムです。

5

混ぜ方でココまで違うの？
悩殺昇天ステア

この章ではステアで作るカクテルを紹介。
カクテルの王様と呼ばれるマティーニは
ステアで作れられるカクテルです。

これぞキング・オブ・カクテル！

マティーニ

強い　辛口　オール

[材料]
ジン 45ml ／ドライベルモット 15ml ／オリーブ

キシンググラスにジン、ドライベルモットを入れてステアする。できあがったらストレーナーをかぶせてカクテルグラスに注ぐ。オリーブを飾って完成。

イエッネMEMO

ジン＆イットから派生したと言われていますが、2 種類の材料のみで完結したシンプルな傑作で、"カクテルの王様" と呼ばれます。初めてバーに行ったときにツウぶってマティーニを頼んで撃沈したのは良い思い出です。

パパティーニ

強め　辛口　オール

[材料]
ジン 60ml ／ハバナクラブ 7 年 15ml ／
カンパリ 1 tsp

ジン、ハバナクラブ 7 年、カンパリをミキシンググラスでステアする。できあがったらストレーナーをかぶせてカクテルグラスに注ぐ。

イエッネMEMO

○○マティーニという名称のマティーニから派生したカクテルは数多く存在します。文豪・ヘミングウェイが好んで飲んだとされるのがパパ・ダイキリです。ヘミングウェイはラムが大好きで、そのパパが好きだったハバナ 7 年を入れて作ったマティーニということで、パパティーニと命名されています。

愛すべき父へ捧げます

トリニティ

強め　甘辛　オール

- -

[材料]
ジン 30ml ／ドライベルモット 30ml ／
スイートベルモット 30ml

ン、ドライベルモット、スイートベルモット
をミキシンググラスに入れてステア
する。できあがったらストレーナーをかぶせ
てカクテルグラスに注ぐ

イエッネMEMO

トリニティはキリスト教の三位一体とい
う意味です。ジン、ドライベルモット、スイー
トベルモットの三つが1：1：1の割合で三位一
体となっているので、こう命名されています。
マティーニの素材にスイートベルモットの甘味
を入れていれ、すっきりした味わいで、料理に
も合いやすいカクテルかなと思います。

三位一体だからこそ！ フルパワーの一杯

ローザ

強め　甘辛　オール

- -

[材料]
ジン 30ml ／ドライベルモット 10ml ／
チェリーブランデー 10ml

キシンググラスにジン、ドライベルモッ
ト、チェリーブランデーを入れてステ
アする。できあがったらストレーナーをかぶ
せてカクテルグラスに注ぐ。

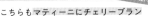

初心者にも優しいジンベーススターター！

イエッネMEMO

こちらもマティーニにチェリーブラン
デーを加える形で飲み口を変えているカクテル
です。チェリーブランデーによって後味がすっ
きりします。お酒に慣れていない方は、いきな
りマティーニにいくよりも、こちらから飲んで
もらったほうが良いと思います。

ちょいたし　ジンをテキーラにするとテキーラマティーニ、ウォッカにするとウォッカマティーニになります。

169

ステア カクテル／ジン ベース

甘美なる世界への入り口はコチラ

フレイム・オブ・マティーニ

 強い 辛口 オール

[材料]
タンカレー 60ml ／パルフェタムール 15ml ／
カンパリ 15ml ／レモンピール

タンカレー、パルフェタムール、カンパリをミキシンググラスに入れてステアする。できあがったらストレーナーをかぶせてカクテルグラスに注ぐ。最後にレモンピールを飾って完成。

イエツネMEMO

日本の堀内雅人さんの創作カクテルです。1999年「ジャーディン W&S カクテル コンペティション」のタンカレー部門で第3位となったものなので、ジンはタンカレーを使用するのが正しいレシピとなります。タンカレーとカンパリの苦みにパルフェタムールの甘い香りが乗って、甘味と辛味を同時に感じられます。

ピカデリー

 強め 辛口 オール

[材料]
ジン 40ml ／ドライベルモット 20ml ／
アブサン 1tsp ／グレナディン 1 dash

ジン、ドライベルモット、アブサン、グレナディンをミキシンググラスに入れてステアする。できあがったらストレーナーをかぶせてカクテルグラスに注ぐ。

イエツネMEMO

ピカデリーとは、イギリス・ロンドンの繁華街の名称です。アブサンの香りがあるので、ちょっと飲みづらいかもしれません。マティーニは本当にシンプルなので、そこに薬草のアクセントを入れることによって、ひと癖ある味わいにしているカクテルと言えるでしょう。

このクセがたまらない？

「女帝」の尊さ。ひれ伏して味わえ！

ツァリーヌ

（ 強め ） （ 中辛 ） （ オール ）

[材料]
ウォッカ 30ml ／ドライベルモット 15ml ／
アプリコットブランデー 15ml ／
アンゴスチュラビターズ 1 dash

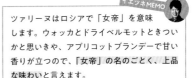

ウ オッカ、ドライベルモット、アプリコットブランデー、アンゴスをミキシンググラスに入れてステアする。できあがったらストレーナーをかぶせてカクテルグラスに注ぐ。

イエツネMEMO

ツァリーヌはロシアで「女帝」を意味します。ウォッカとドライベルモットときついかと思いきや、アプリコットブランデーで甘い香りが立つので、「女帝」の名のごとく、上品な味わいと言えます。

ファンキー・グラスホッパー

（ 強め ） （ 甘口 ） （ 食後 ）

[材料]
ウォッカ 20ml ／ジェット 20ml ／
カカオホワイト 20ml

ミキシンググラスにウォッカ、ジェット、カカオホワイトを入れてステアする。できあがったらストレーナーをかぶせてカクテルグラスに注ぐ。

イエツネMEMO

グラスホッパーのステアバージョンです。シェイクカクテルは空気を含ませることで飲みやすさを出すのですが、こちらはステアなのでリキュールが際立ちます。また、グラスホッパーと違い、生クリームを使用していないため、アルコール度数も高くなっているので、"ファンキー"の名称がついています。

キリッとキメて、飛び跳ねる

ちょいたし　ジェットは世界でもっともポピュラーなミントリキュールと言われています。

171

もういっちょ、泳いでみない？

ブルードルフィン・マティーニ

 強め ・ 甘辛 ・ オール

[材料]
ウォッカ 45ml ／ブルーキュラソー 10ml ／
ペシェ 10ml

ウ オッカ、ブルーキュラソー、ペシェを
ミキシンググラスに入れてステアする。
できあがったらストレーナーをかぶせてカク
テルグラスに注ぐ。

イエツネMEMO

お酒しか入っていないため当然アル
コール度数は高いのですが、ブルーキュラソー
で色合いがキレイなので、オシャレに強いお酒
を飲みたい方にオススメです。

エル・プレジデント

普通 ・ 甘辛 ・ オール

[材料]
ラム 30ml ／ドライベルモット 15ml ／
コアントロー 15ml ／グレナディン 1 dash

ラ ム、ドライベルモット、コアントロー、
グレナディンをミキシンググラスに入
れてステアする。できあがったらストレーナー
をかぶせてカクテルグラスに注ぐ。

イエツネMEMO

メキシコにある「エル・プレジデント」
というホテルのバーのオリジナルカクテル
です。ラムとオレンジ（コアントロー）の相性が
良く、ステアカクテルとしても飲みやすいです。
エル・プレジデントはスペイン語で「大統領」
を意味するので、出世したいという方は名前に
あやかってみてはいかがでしょうか。

「大統領」のソウルならココにある

五感をフルに研ぎ澄ませよう

ピカドール

[強め] [中甘] [食後]

[材料]
テキーラ 30ml ／コーヒーリキュール 30ml ／
レモンピール

テ キーラとコーヒーリキュールをミキシンググラスに入れてステアする。できあがったらストレーナーをかぶせてカクテルグラスに注ぐ。最後にレモンピールを飾って完成。

イエツネMEMO

レモンピールで香りづけをしているので、グラスに口をつけたとき、最初にレモンの香りがきます。その後からコーヒーリキュールの甘さがきて、最後にテキーラを感じます。シェイクで作ると全部を一気に感じてしまうので、これこそがステアで作る真骨頂のような味わいと言えるでしょう。

オールド・パル

[強め] [辛口] [食前]

[材料]
ライウイスキー 20ml ／
ドライベルモット 20ml ／カンパリ 20ml

ラ イウイスキー、ドライベルモット、カンパリをミキシンググラスに入れてステアする。できあがったらストレーナーをかぶせてカクテルグラスに注ぐ。

イエツネMEMO

ライ麦を使用したライウイスキーで作ってください。基本は1：1：1ですが、分量を変えて味わいに変化をつけて楽しむこともできます。オールド・パルは「古くからの仲間」という意味なので、同窓会や旧友と乾杯するときに飲んでみてはいかがでしょうか。

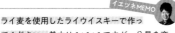

懐かしさでいっぱい。今夜のための一杯

173

今宵、あなたと飲みたい

キスミー・クイック

普通 やや甘 オール

[材料]
スコッチウイスキー 30ml ／デュポネ 20ml ／
フランボワーズ 10ml ／レモンピール

スコッチウイスキー、デュポネ、フランボワーズをミキシンググラスに入れてステアする。できあがったらストレーナーをかぶせてカクテルグラスに注ぐ。レモンピールなどを飾っても OK。

イエツネMEMO

日本のバーテンダーの宮尾孝宏さん考案で、1988 年のスコッチウイスキーのカクテルコンペティションで優勝したカクテルです。直訳すると「早くキスをして」という意味なので、恋人と一緒に飲むカクテルですね。ワインのリキュール（デュポネ）とフランボワーズが入ることで、甘さがあって飲みやすく仕上がっています。

マンハッタン

強め 甘辛 オール

[材料]
ライウイスキー 30ml ／スイートベルモット 15ml ／
アンゴスチュラビターズ 1dash ／レモンピール／
マラスキーノ・チェリー

ミキシンググラスにライウイスキー、スイートベルモット、アンゴスチュラビターズを入れてステアする。できあがったらストレーナーをかぶせてカクテルグラスに注ぐ。最後にマラスキーノ・チェリーやレモンピールを飾って完成。

イエツネMEMO

ベースはバーボンを使用する場合もあります。ジン＆イットのベースをライウイスキーに変えたカクテルです。マティーニが"カクテルの王様"なら、マンハッタンは"カクテルの女王"と呼ばれています。マンハッタンに沈む夕陽がイメージされています。マリリン・モンローの主演映画をきっかけに一気に広まっていきました。

この夕日こそが「女王の景色」

ロマンチックな甘口にご用心……！

ロブ・ロイ

 強め　 甘辛　オール

[材料]
スコッチウイスキー 30ml ／スイートベルモット 15ml ／
アンゴスチュラビターズ 1dash ／レモンピール／
マラスキーノ・チェリー

ス コッチウイスキー、スイートベルモット、アン
ゴスチュラビターズをミキシンググラスに入れ
てステアする。できあがったらストレーナーをかぶせて
カクテルグラスに注ぐ。最後にマラスキーノ・チェリー
やレモンピールを飾って完成。

イエッネMEMO

ロンドンのサヴォイ・ホテルのバーテン
ダー考案のカクテルで、毎年同ホテルが開催さ
れている聖アンドリュース祭のパーティーのため
に考案されたものです。カクテル名はスコットラ
ンドの義賊ロバート・ロイ・マクレガーのニック
ネーム「赤毛のロバート」に由来しています。

ブランデーカクテル

強め　やや甘　オール

[材料]
ブランデー 60ml ／コアントロー 2dash ／
アンゴスチュラビターズ 1dash ／レモンピール

ブ ランデー、コアントロー、アンゴスチュ
ラビターズをミキシンググラスに入れ
てステアする。できあがったらストレーナー
をかぶせてカクテルグラスに注ぐ。レモンピー
ルなどを飾っても OK。

イエッネMEMO

材料を見てもらえばわかる通り、ほぼ
ブランデーです。そこにコアントローを少し入
れて、アンゴスチュラビターズで苦味を出す。
ブランデーを味わってもらうためのカクテルで
す。ブランデーをカクテルとして飲みたい方は
こちらをどうぞ。

ブランデーを味わうなら、やっぱりコレ

「迎え酒」にも強い味方がいたなんて！

コープス・リバイバー

 強め 甘口 食後

[材料]
ブランデー 30ml ／アップルブランデー 15ml ／
スイートベルモット 15ml

キシンググラスにブランデー、アップルブランデー、スイートベルモットを入れてステアする。できあがったらストレーナーをかぶせてカクテルグラスに注ぐ。

イエツネMEMO

コープス・リバイバーは迎え酒というジャンルで、ベースとなるお酒がいくつかあり、バリエーションが四つあります。ここで紹介したレシピはコープス・リバイバー1となります。「死者を蘇らせるもの」という意味があって、ブランデーとアップルブランデー、スイートベルモットなので、甘くて迎え酒でも飲めるカクテルです。

アドニス

 普通 中辛 オール

[材料]
ドライシェリー 40ml ／スイートベルモット 20ml ／
オレンジビターズ 1 dash

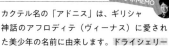

ドライシェリー、スイートベルモット、オレンジビターズをミキシンググラスに入れてステアする。できあがったらストレーナーをかぶせてカクテルグラスに注ぐ。

イエツネMEMO

カクテル名の「アドニス」は、ギリシャ神話のアフロディテ（ヴィーナス）に愛された美少年の名前に由来します。ドライシェリーにスイートベルモットがミックスされた柔らかい味わいで、19世紀から高い人気を誇ったカクテルです。スイートベルモットもドライベルモットに変えると、「バンブー」になります。

やさしい口当たりは、美少年のおもかげ？

シンフォニー

 普通　 甘口　オール

[材料]
白ワイン 80 ml ／ピーチリキュール 15ml ／
グレナディン 1 tsp ／砂糖 2tsp

白ワイン、ピーチリキュール、グレナディン、砂糖をミキシンググラスに入れてステアする。できあがったらストレーナーをかぶせてカクテルグラスに注ぐ。

イエッネMEMO

日本のバーテンダー中村圭三さんが1988 年におこなわれたブラッシュワインのカクテルコンペティションで優勝したカクテルです。白ワインの量とピーチリキュールの量をお好みでアレンジして飲んでも美味しく味わえます。白ワインカクテルの代表格です。

白ワインでスッキリ！　ピーチはお好みで

ちょいたし　174 ページのキスミー・クイックに使用するデュボネは赤ワインに薬草を漬け込んだリキュールです。

バンブー

 普通　 辛口　オール

[材料]
ドライシェリー 40ml ／ドライベルモット 20ml ／
オレンジビターズ 1 dash

ミキシンググラスにドライシェリー、ドライベルモット、オレンジビターズを入れてステアする。できあがったらストレーナーをかぶせてカクテルグラスに注ぐ。

イエッネMEMO

アドニスのツイストで、明治時代の横浜グランドホテルの支配人兼バーテンダー、ルイス・エッピンガーによって創作されたカクテルです。日本発で豪華客船によって世界に伝わっていきました。マティーニのようなすっきりした味わいが海外の人にも人気となりました。

「日本生まれ」の圧倒的さわやかさ

［マスター HISTORY ～前編］ Column 3

自分がどんな歩みをしてきてバーテンダーの道にたどり着いたのか
という話を簡単にさせていただきましょう。

名古屋に住んでいた大学時代、アルバイト先のチェーン店のお寿司
屋さんで、たまたまホールの仕事をしたとき、老夫婦のお客様に接客
をすごく褒めてもらいました。これをきっかけに接客に特化した仕事を
したいと思うようになり、ひらめいたのがバーテンダーでした。

東山線の終点「藤が丘」駅はバーの聖地みたいな場所で、一番の老
舗のお店に履歴書を手に「働かせてほしい」と直訴し、運良く働かせ
てもらうことになりました。バーで働き始めたとはいえ、有名店だった
ため、なかなかシフトに入れません。たまにシフトに入ってもオーダー
を聞くだけで、得られるものがない日々が続いていました。

そうした中、ドリンクを作れないなら、せめて接客で貢献しようと考
えて、マスターが忙しくて接客できないときにお客様に積極的に話しか
けていって、名前と顔を覚えてもらうことに集中しました。

すると、「家常くん、いる？」と言って来てくれるお客様が増えていき、
シフトにも多く入れてもらえるようになったんです。週6でシフトに入
るようになると、ドリンクも作れたほうがいいということで、入店わず
か2カ月でドリンクの作り方を教えてもらうことができました。

そこからは18時～朝5時まで働き、スナックのママさんのアフター
のアフターまで付き合って8時半まで飲んで、9時から大学の講義と
いう日々。そんな辛い生活でしたが、自分が成長できていることが実感
できる喜びもありました。

大学卒業後は、そのままバーに就職したかったのですが、高いお金
を払って大学まで行かせてくれた両親が、納得してくれませんでした。
「飲食をやることは許すけど、せめて一般企業に入ってくれ」と言われ
てしまいました。

そんなときに大学の関係でスコットランドに行き、パブという文化に
触れました。帰国後、日本に英国風パブの「HUB」という会社がある
ことを知ります。ここは母体がしっかりした企業だったため、両親の許
しも得て就職させてもらいました。（続く）

Chapter 6

一手間かかるけどウマいから許す！
珠玉のブレンドレシピ

この章で紹介するブレンドカクテルはブレンダーに
クラッシュアイスと材料を入れてブレンドして作るカクテルです。
暑い季節に飲みたいフローズンカクテルの数々を紹介します。

ココナッツ＋メロンでトロピカルにGO

グリーン・アイズ

 普通　甘口 食後

[材料]
ゴールドラム 30ml ／ミドリ 25ml ／
パイナップルジュース 45ml ／ココナッツミルク 15ml ／
ライムジュース 15ml ／クラッシュアイス 1cup ／
スライスライム

レンダーに 1cup のクラッシュアイスとゴールドラム、ミドリ、パイナップルジュース、ココナッツミルク、ライムジュースを入れてブレンドする。グラスに注いでライムを飾ってストローを添える。

イェツネMEMO

1984 年のロサンゼルスオリンピックの公式ドリンクとなったカクテルです。味的にはほぼミルクセーキですが、ミドリを使用しているので、メロンの香りを感じることもできます。ココナッツミルクが手に入らない場合はマリブで代用してもらっても構いません。トロピカルでフローズンの清涼感も味わえます。

フローズン・ダイキリ

普通　甘辛　食後

[材料]
ラム 40ml ／ライムジュース 10ml ／コアントロー 1tsp ／
砂糖 1tsp ／クラッシュアイス 1 cup ／ミント

ム、ライムジュース、コアントロー、砂糖と 1cup のクラッシュアイスをブレンダーに入れてブレンドする。グラスに注いでミントを飾ってストローを添える。

イェツネMEMO

ラムベースの有名カクテルであるダイキリのフローズンバージョンです。キューバのハバナにある「ラ・フロリディータ」というバーのバーテンダーによって考案されました。ヘミングウェイが一日に何十杯も飲んだというくらいお気に入りだったカクテルで、彼がアメリカの雑誌で紹介したことで一気に広まっていきました。

「キューバの風」をつめたくいただき！

パンチ力ならまかせろ

テキラー・サンセット

 普通　 甘辛　　食後

[材料]
テキーラ 30ml ／レモンジュース 30ml ／
グレナディンシロップ 1tsp ／
クラッシュアイス 1cup ／ライム

1 cup のクラッシュアイスとテキーラ、レモンジュース、グレナディンシロップをブレンダーに入れてブレンドする。グラスに注いでライムを飾ってストローを添える。

イエッネMEMO

テキーラをとレモンジュースとグレナディンシロップで見た目は鮮やかなのですが、アルコールは強いのでグレナディンシロップの量を増やしたり、砂糖を入れたりして調整しても良いと思います。

フローズン・マルガリータ

強め　　甘辛　　オール

[材料]
テキーラ 30ml ／コアントロー 15ml ／
ライムジュース 15ml ／砂糖 1tsp ／
クラッシュアイス 1cup ／スノースタイル

グ ラスを塩でスノースタイルにする。1cup のクラッシュアイスとテキーラ、コアントロー、ライムジュース、砂糖を入れてブレンドする。スノースタイルにしたグラスに注いでストローを添える。

イエッネMEMO

文字通りマルガリータのフローズンバージョンです。テキーラのクセがライムで引き締まった感じになります。日本人の感覚だとフローズンというとかき氷の甘いものを想像すると思いますが、**フローズン・マルガリータは甘くなくさっぱりとしています**。ここに生のキウイを入れて、フローズン・キウイマルガリータにするのが個人的には好きです。

この「甘くなさ」がいい

ちょいたし　ヘミングウェイのダイキリの飲み方は砂糖&氷なし、ラムは倍入れるというものだったと言われています。

ベイリーズ＋カルーア＋バニラアイス

FBI

 普通　甘口　食後

[材料]
ウォッカ 30ml ／ベイリーズ 30ml ／
カルーア 30ml ／バニラアイス 2 スクープ／
クラッシュアイス 1cup

1 cup のクラッシュアイスとウォッカ、ベイリーズ、カルーア、バニラアイスをブレンダーに入れてブレンドする。グラスに注いでオレオを飾ってストローを添える。

イエツネMEMO

FBI は元々シェイクカクテルですが、現在はブレンドの FBI が主流になっています。ベイリーズにカルーア、バニラアイスなので、どう考えても美味しいですよね。食後のデザートとして最適なカクテルでしょう。僕も大好きです。

フローズン・バナナダイキリ

普通　甘口　食後

[材料]
ラム 30ml ／バナナリキュール 10ml ／
レモンジュース 15ml ／シロップ 1tsp ／
生バナナ 1/3 本／クラッシュアイス 1cup

ブレンダーに 1cup のクラッシュアイスとラム、バナナリキュール、レモンジュース、シロップとバナナを入れてブレンドする。グラスに注いでバナナを飾ってストローを添える。

イエツネMEMO

生のバナナを使うことによってデザート感が増しています。バナナスムージーのお酒バージョンというふうにイメージしてもらえればと思います。バナナとラムの相性もとてもいいので、すごく美味しいデザートカクテルです。

スムージーならもっとバナナが美味しい

ピニャコラーダのFROZEN!?

アマレット・ピニャコラーダ

普通　　　甘口　　　食後

[材料]
ラム 30ml ／アマレット 30ml ／ココナッツミルク 10ml ／
ココナッツシロップ 5ml ／パイナップルジュース 30ml ／
マンゴージュース 10ml ／クラッシュアイス 1cup

クラッシュアイス、ラム、アマレット、ココナッツミルク、ココナッツシロップとパイナップルジュース、マンゴージュースをブレンダーに入れてブレンドする。グラスに注いでパイナップルを飾ってストローを添える。

イエツネMEMO

ここでは乾燥パイナップルを飾っていますが、もちろん生のパイナップルでも OK です。ピニャコラーダをフローズンバージョンにしてアマレットを加えて深みを出しています。

マンゴー・マルガリータ

普通　　　甘口　　　食後

[材料]
テキーラ 40ml ／コアントロー 20ml ／
マンゴー 60g ／ライムジュース 15ml ／
シロップ 1tsp ／クラッシュアイス 1cup

グラスをスノースタイルにする。ブレンダーにクラッシュアイス、テキーラ、コアントロー、マンゴー、ライムジュース、シロップを入れてブレンドする。グラスに注いでストローを添える。

イエツネMEMO

ブレンドカクテルはクラッシュアイスが入っていて味が薄くなりがちなので、マンゴージュースではなく、マンゴーの果肉をたっぷり使うのがポイントです。ジュースを使用すると美味しさが半減してしまいます。

願わくば、本物のマンゴーで

ちょいたし　ベイリーズはアイリッシュウイスキーをベースにしたクリーム系のリキュールです。

上京して HUB に就職した僕は、バーテンダーの大会に出まくり、そこで仲が良くなった有名店の人に「お金はいらないから休みの日に働かせてほしい」と頼んで、密かに働かせてもらっていました（本当はダメです）。社会人的な部分は一般企業の HUB で学び、バーテンダーのオーセンティックな部分は、有名店で習得させてもらい、同時進行で両面を磨いていきました。

ただ、あまりにも自由にやりすぎた結果、会社から目をつけられ「クビにしろ」とまで言われる状態になってしまいます。そこで反省して一念発起して、そこからは HUB での仕事に集中し、すぐに店長となりました。そして売上、利益率、接客、お客様満足度などから HUB のトップを決める大会で 1 位を獲得します。一つの成果を出したことで、燃え尽き症候群になったこともあり、地元の愛媛に戻ることにしました。

妻の実家の大島でふぐの養殖と漁師の仕事を手伝いつつ、島から今治まで行って飲食店でも働いていました。ふぐは 2 年くらいの年月をかけて育てて、出荷すると数千万円の収入を得られます。しかし、それまでは自転車操業なので、資金繰りのために僕もお金を貸していたくらいです。そうした日々の中、ふぐの出荷まで 2 ～ 3 週間というときに 30 年に一度の赤潮が発生。出荷すれば数千万円という収入を得られるふぐがすべて台無しになってしまいました。

収入も貯蓄もなくなり、水産庁に相談に行ったところ、「保険に入っていないほうが悪い」とバッサリ。落ち込んで帰ろうとすると、僕の経歴を見た職員の方からある提案を受けます。新規ビジネスコンテストがあり、優勝すると補助金として 300 万円がもらえるというのです。「漁師と飲食店を掛け合わせたお店は他にないから」という話を聞き、企画書を作ってコンテストに臨み、300 万円をゲットすることができました。

もちろん、300 万円だけでお店をゼロから作ることはできないので、実際は閉店となったうどん屋さんを改装し、使える冷蔵庫や機材はそのまま使用し、バーカウンターだけは作って、海鮮丼屋をオープンしました。ちなみに、お店のスタート時の預金残高は 7 万円でした。（続く）

Chapter 7

翌日、二日酔い必至？
高度数邪道カクテルから王道ノンアルまで

この章では写真映えするキレイ目なものから
アルコール度数が高い激酔い必至の一杯など、
バラエティーに富んだカクテルを紹介します。

「史上最高得点」を叩き出した伝説

シティーコーラル

〔普通〕 〔甘さっぱり〕 〔オール〕

［材料］
ジン 20m ／メロンリキュール 20ml ／
グレープフルーツジュース 20ml ／ブルーキュラソー 1tsp ／
トニックウォーター適量／コーラルスタイル

グラスのフチが入る深めの容器を 2 つ用意して、1 つには 3cmくらい塩を入れ、もう 1 つには 1.5cmくらいブルーキュラソーを入れる。まずグラスを逆さにしてブルーキュラソーに入れ、続いて逆さ状態のまま真っすぐ塩に入れてすぐに真っすぐ抜く。グラスの内側についた塩はふき取る（コーラルスタイル）。ジン、メロンリキュール、グレープフルーツジュースをシェイクし、コーラルスタイルにしたグラスに注ぎ、氷を 2 〜 3 個入れて、ゆっくりトニックを注ぎ入れて完成。

イエツネMEMO

銀座のバー「テンダー」のオーナーバーテンダー・上田和男さん考案のカクテルです。1984 年のカクテルコンペティション用に作られたもので、日本バーテンダー協会の史上最高点を記録したことでも知られます。"映え"という言葉のない時代にこういう発想があったことが驚きです。

スプリングオペラ

〔強い〕 〔甘辛〕 〔オール〕

［材料］
ドライジン 40ml ／ジャポネ桜ピーチ 10ml ／
レモン 1tsp ／オレンジジュース 2tsp ／
ミントチェリー

ドライジン、ジャポネ桜ピーチ、レモンをシェイクしてグラスに注ぐ。そのグラスにオレンジジュースを沈め、カクテルピンに刺したミントチェリーを沈める。

カクテル オブ ザ イヤーに輝いた〝日本の唄〟

イエツネMEMO

「Bar S」の店長を務める三谷裕さんの創作で、1999 年サントリー ザ・カクテルアワードにおいて、カクテル オブ ザ イヤーに輝いたカクテルです。当時はこのように層にする、あるいはチェリーを沈めるという発想がない時代でした。ジャポネ桜ピーチを使用して色でも日本らしさを表現しています。後世に伝えていきたいカクテルの一つです。

イッパツ「火遊び」してみるか？

ブルー・ブレイザー

普通　甘辛　食後

[材料]
ウイスキー 60ml ／熱湯 60ml ／
はちみつ 1tsp ／レモン果汁 10ml

一方の銅マグにウイスキーを注ぎ、もう一方の銅マグにはちみつと熱湯とレモン果汁を注いでよく混ぜる。ウイスキーをフランベして、火のついた銅マグを、何も入っていない銅マグにスローイングして（5〜7回）、耐熱にマグに注ぐ。

イエッネMEMO

1849年に"カクテルの創始者"とも呼ばれる、ジェリー・トーマスというバーテンダーによって考案されました。ニューヨークのメトロポリタンホテルで披露されてから、名物となりました。お客様に見て楽しんでもらう、フレアバーテンダーの原型と言ってもいいでしょう。ちなみにお店で頼む人はいません（笑）。

※アマチュアの方の作成は非推奨。火災と火傷には格別の配慮を。

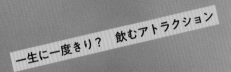

| 強め | 甘口 | 一 |

[材料]
グレナディンシロップ 10ml ／ジェット 10ml ／
マラスキーノ 10ml ／パルフェタムール 10ml ／
ベネディクティン DOM 10ml ／
シャルトリューズ（ジョーヌ）10ml ／
コニャック（ヘネシー）10ml ／
ロンリコ 151　10ml

グレナディンシロップ→ジェット→
マラスキーノ→パルフェタムー
ル→ベネディクティン DOM →シャルト
リューズ→コニャック→ロンリコ 151 の
順にバースプーンの裏を使ってゆっくり
層になるように積み上げていく。

プースカフェ

イエッネMEMO

層になった見た目を楽しんでいただき、
飲むときはストローで 1 層ずつ飲んでいってく
ださい。お酒を一つずつ飲んでいくことになる
ので味は……。一生に一度飲めばいいと思いま
す。飲むタイミングを記載していないのは作る
のに時間がかかるからです。オーダーはバーテ
ンダーがヒマそうなときにしてください（笑）。

プールサイド・マルガリータ

(強め) (甘さっぱり) (オール)

[材料]
テキーラ 30ml ／アガベシロップ 20ml ／
レモンジュース 15ml ／エンプレス 1908 ジン 20ml

テキーラ、アガベシロップ、レモンジュースを氷と一緒にシェイクして、クラッシュアイスを入れたグラスに注ぐ。その上からエンプレス 1908 ジンをフロートする。最後に飾りつけをして完成。

イエツネMEMO

エンプレスという色鮮やかなジンがあります。そのジンとテキーラを融合させたため、飲みづらいカクテルとも言えます。ただ、見た目は華やかなので、その名のごとくプールサイドなど、雰囲気に合ったところで飲むと美味しく感じると思います。

ちょいたし　アガベシロップはテキーラの原料であるリュウゼツラン（アガベ）から採れるシロップです。

スカイダイビング

(強め) (甘辛) (オール)

[材料]
ラム 30ml ／ブルーキュラソー 20ml ／
ライムジュース 10ml

氷を入れたシェイカーにラム、ブルーキュラソー、ライムジュースを入れてシェイクし、グラスに注ぐ。

透明度マックスのBLUEへ

イエツネMEMO

1967 年の日本バーテンダー協会のカクテルコンペティションで１位となったカクテルです。バーテンダーになっていろいろな青いカクテルを見てきましたが、ここまで透き通った青が表現されているカクテルはありません。気分が沈んでいるときはこれを飲んで、大空を飛んでいるような気分になってもらえればと思います。

コワさとウマさが「幸福な結婚」のコツ？

ブレイン・ヘモヘイジ

（普通）　（甘口）　（病んでるとき）

[材料]
ピーチリキュール 40ml ／ベイリーズ 15ml ／
グレナディン 10ml

冷 やしたピーチリキュールをグラスに注ぎ、その上にベイリーズをバースプーンに当てながら静かに入れる。最後にグレナディンを上から勢いよく入れて完成。

イエツネMEMO

ブレイン・ヘモヘイジは「脳内出血」という意味で、カクテル史上一番不気味なカクテルと言われています。ちょっと不謹慎なカクテルですけど、写真映えすることは間違いありません。見た目はちょっと不気味かもしれませんが、入っているものは美味しいので、味は問題ないです。

ガルフストリーム

（普通）　（甘口）　（オール）

[材料]
ジン 40ml ／ピーチリキュール 10ml ／
ライムジュース 15ml ／ドライパイナップル／
レッドチェリーなど

ジ ン、ピーチリキュール、ライムジュースを氷の入ったグラスに入れて混ぜる。飾りつけをして完成。

イエツネMEMO

青は青でもスカイダイビングとは違うタイプの青で、個人的には海外の海を連想します。いわゆる“映えカクテル”は、見た目重視のものも多いのですが、このガルフストリームは味も抜群です。カクテルの名前はメキシコ湾流のことです。世界最大級の温暖海流で、その鮮やかな海流を彷彿とさせる意味合いから、ガルフストリームと名付けられました。

押し寄せる「碧き海流」

激震注意！
異次元レベルのALC度数

アースクエイク

激強 / 辛口 / 酔いたいとき

[材料]
ジン 30ml ／ウイスキー 30ml ／アブサン 30ml

シェイカーにジン、ウイスキー、アブサンを氷と一緒に入れてシェイクし、グラスに注ぐ。

イエツネMEMO

アースクエイクの名の通り、地震のような衝撃があります。アルコール度数はかなり高めで強いカクテルなので、一般的にはオススメしていません。ジンとウイスキーのちゃんぽんに加えて、アブサンをこれだけ入れることも普通ではないので、かなりきついことがわかると思います。ただ、この強さ、味にハマる人も意外と多いのも特徴です。

ロングアイランド
アイスティー

強め / 甘辛 / オール

[材料]
ジン 15ml ／ウォッカ 15ml ／ラム 15ml ／
テキーラ 15ml ／コアントロー 15ml ／
レモンジュース 30ml ／コーラ 40ml

クラッシュアイスを入れたグラスにジン、ウォッカ、ラム、テキーラ、コアントロー、レモンジュースを入れてよく混ぜる。その上からコーラを注いで、軽く混ぜる。

イエツネMEMO

アメリカのニューヨーク州ロングアイランドで生まれたカクテルです。紅茶を一滴も使わず、アイスティーの色合いと味わいを生み出しています。味的にはすごく美味しいです。ジン、ウォッカ、ラム、テキーラのちゃんぽんを一杯で体感できてしまいます。コーラ以外をシェイクで作ったり、コーラの炭酸を飛ばしたり、いろいろな作り方があります。

紅茶の「見せかけ」に騙されるな

自爆、ダメ、ゼッタイ

ダイナマイトコーク

激強 　甘口 　酔いたいとき

- -

[材料]
ロンリコ 151 45ml ／コーラ適量／カットレモン

氷の入ったグラスにロンリコ 151 を入れて、その上から炭酸が飛ばないようにコーラを注ぎ入れる。最後にレモンを搾り入れて完成。

イエッネMEMO

ロンリコ 151 は 151 プルーフのことで、プルーフを÷ 2 にするとアルコール度数になります。つまり 75.5 度なのでかなりきついのですが、コーラで割ることでラムコークになり、意外と飲めてしまいます。アルコール度数が高いのに普通に飲めてしまうので、撃沈しないように注意してください。

ゾンビ

激強 　甘口 　酔いたいとき

- -

[材料]
ジャマイカンラム 30ml ／ホワイトラム 50ml ／ロンリコ 151 15ml ／
アプリコットブランデー 15ml ／オレンジジュース 30ml ／
パッションフルーツジュース 30ml ／生パイナップルジュース 30ml ／
レモンジュース 30ml ／カットパイン、チェリーなど

3種類のラムとアプリコットブランデー、オレンジ、パッションフルーツ、パイナップル、レモンのジュース類を氷と一緒にシェイクし、氷の入ったグラスに注ぐ。最後にカットパイン、チェリーなどを飾って完成。

イエッネMEMO

あるレストランのオーナーがメキシコに行ったとき、複数のラムを混ぜて飲むと激酔いすることを発見して自分の店でも試しました。実際、これを 3 杯飲んだお客さんが酔って、空港に向かうタクシーで大暴れして、なおかつ空港で大暴れして飛行機に乗れませんでした。そのまま行方不明になり、みんなで心配して捜索したところ、港を彷徨っていて、その姿がゾンビのようだったことから、こう命名されたそうです。

「生ける屍」にしてやろうか

ジャック・ター

`激強` `甘さっぱり` `酔いたいとき`

- -

[材料]
ロンリコ 151 30ml ／サザンカンフォート 25ml ／
ライムジュース 25ml ／カットライム

氷を入れたシェイカーにロンリコ 151、サ
ザンカンフォート、ライムジュースを
入れてシェイクし、氷の入ったグラスに注ぐ。
最後にカットライムを入れて完成。

> **イエッネMEMO**
>
> これは言わずと知れた横浜中華街の「ウィ
> ンドジャマー」発祥のカクテルです。ロンリコ
> 151 はすでに説明したように 75 度の強さです。
> さらにサザンカンフォートも昔はアルコール度数
> 50 度以上でした（今は 20 ～ 25 度くらい）。こ
> の強烈な 2 つを組み合わせるのが、正式なジャッ
> ク・ターで、激酔いすること間違いなしです。

ハマから流れて来た「荒くれ野郎」

フランシス・アルバート

`激強` `辛口` `酔いたいとき`

- -

[材料]
タンカレー 30ml ／ワイルドターキー 30m

タンカレーとワイルドターキーを氷と一
緒にシェイクし、グラスに注いで完成。

> **イエッネMEMO**
>
> アメリカの名優・フランク・シナトラの本
> 名からとった名称で、日本生まれのカクテルです。
> 基本的にカクテルのベースのお酒は 1 種類なので
> すが、ジンとウイスキーを混ぜてしまったという、
> アルコール度数の高い一杯です。ジンとウイスキー
> なら何でも良いわけではなく、タンカレーとワイル
> ドターキーの組み合わせが良く、アルコール度数
> の割には二日酔いになりにくいと言われています。

禁断の「ダンディズム」とは？

ちょいたし ロンリコのロンはスペイン語でラムのこと。豊かな（リコ）味わいのラムという意味です。

パンチを受けとめる準備はできているか?

グリーンアラスカ

激強 ・ 辛口 ・ 酔いたいとき

[材料]
ドライジン 45ml ／シャルトリューズ 15ml

キシンググラスにドライジン、シャルトリューズを入れてステアする。ストレーナーを使ってグラスに注いで完成。

イエツネMEMO

インターネットでアルコール度数の高いカクテルと検索すると、だいたい上位に位置するカクテルです。ドライジンと一緒に入れているシャルトリューズはアルコール度数が55度もあります。色は鮮やかでキレイですが、かなりパンチが利いています。

南無阿弥陀仏

激強 ・ 甘口 ・ 酔いたいとき

[材料]
アブサン 30ml ／イエニラク 20ml ／
グリーンバナナ 15ml

グラスにアブサン、イエニラク、グリーンバナナを入れてよく混ぜる。

イエツネMEMO

僕の「飲めないカクテルを作ろう」という謎の探求心から作ったカクテルです。若い頃にこのカクテルを友人が「美味しい」と言って飲んでいたのですが、別の店に移動しようとした際、その友人がいきなり倒れたんです。酩酊していたので救急車を呼んで運ばれて、そのときに一緒にいた女の子が「南無阿弥陀仏」と拝んでいて、名称が決まりました（笑）。アンカーではお客様に提供しているので、気になる方は飲んでみてください。

唱えられないようにご注意を!?

ウォッカアイスバーグ

この「キツさ」がまた飲みたくなる

（激強）（辛口）（酔いたいとき）

- -

[材料]
ウォッカ 60ml ／ペルノ 1dash

氷 の入ったグラスにウォッカを入れて氷となじませるように混ぜる。その上にペルノを落として軽く混ぜる。

> **イエッネMEMO**
> こちらもアルコール度数の強いカクテルとしては有名なカクテルです。**ウォッカにペルノ（アブサン）を加えていて、僕はきついな**と思いますが、割と好んで飲む人も多い印象です。味の好みは人それぞれなんだなと感じます。

アンバードリーム

（激強）（甘辛）（酔いたいとき）

- -

[材料]
ジン 20ml ／シャルトリューズ（ヴェール）20ml ／
フェルネットブランカ 20ml

キシンググラスにジン、シャルトリューズ、フェルネットブランカを入れてステアする。できあがったらストレーナーをかぶせてカクテルグラスに注ぐ。

「今夜はとことん酔いたい」に寄り添ってくれる

> **イエッネMEMO**
> 日本ではフェルネットブランカではなく、スイートベルモットを使用しています。海外ではフェルネットブランカを使用するのですが、アルコールの強さに加えてとにかく苦いんです。味もかなりきついので、**本当に酔いたいとき以外は飲まないほうがいいでしょうね。**酔えることは間違いないです。

ちょいたし　ウォッカアイスバーグに使用するペルノは数あるアブサンの元祖です。

「お口の中」で完成する一杯

ニコラシカ

強い　　甘辛　　オール

[材料]
ブランデー適量／砂糖 1tsp ／レモンスライス

グラスにブランデーを適量注ぎ、その上に砂糖を乗せたレモンスライスを置く。飲むときはレモンを半分に折ってかじり、口の中に甘酸っぱさが広がったところでブランデーを飲む。

イェッネMEMO

ドイツのハンブルク生まれのカクテルです。作り方に記載してある飲み方で、口の中でカクテルを作る形になります。先に砂糖を乗せたレモンをかじってからブランデーを飲むという一連の動きが楽しく、また味としてもすごく美味しいので、一度は飲んでもらいたいカクテルです。

B-52

強い　　甘口　　オール

[材料]
カルーア 20ml ／ベイリーズ 20ml ／
グランマルニエ 20ml

カルーア→ベイリーズ→グランマルニエの順にバースプーンを使いながらゆっくり注いでいく。3層になるように注いで完成。

楽しむポイントはシチュエーション

イェッネMEMO

B-52 はアメリカの爆撃機の名称です。爆撃機イメージで、アメリカでは一番上の層のグランマルニエに火をつけて、ストローで飲みます。戦争由来のちょっと不謹慎なカクテルなので、ホテルや格式の高いバーなどでは注文しないほうが良いでしょう。ただ、甘くて美味しいので、軽いノリで楽しめるシチュエーションのときに飲みましょう。

飲みやすいショットカクテルもある

ウー・ウー

 普通　さっぱり　オール

[材料]
ウォッカ 15ml ／ペシェ 15ml ／
生クランベリージュース 15ml

ウ　ォッカ、ペシェ、生クランベリージュースを氷と一緒にシェイカーに入れてシェイクし、ショットグラスに注いで完成。

イエッネMEMO

ショットカクテルを飲むなら、ぜひこれは皆さんに飲んでもらいたいと思うくらい、オススメのカクテルです。みんなでショットをしようみたいなノリのときに、テキーラを避けたい人はウー・ウを注文するといいと思います。アルコールもそこまで強くなく、美味しいのですごく飲みやすいです。

バズーカ・ジョー

強い　甘口　オール

[材料]
ベイリーズ 20ml ／ブルーキュラソー 20ml ／
バナナリキュール 20ml

バ　ナナリキュール→ブルーキュラソー→ベイリーズの順にバースプーンを使ってゆっくり層になるようにショットグラスに注いで完成。

甘くとろけて、一気に火がつく

イエッネMEMO

生クリームのリキュールであるベイリーズとバナナリキュールの相性は抜群です。B-52 を頼みたいけどシチュエーション的に頼めないときは、こちらのカクテルが味わい的にも近いものがあるのでオススメです。

ちょいたし　バズーカ・ジョーはアメリカやカナダで販売されたチューインガムの名前でもあります。

197

パリッとしたい硬派なアナタに

アラバマ・スラマー

 普通　　甘口　　オール

[材料]
サザンカンフォート 20ml ／アマレット 20ml ／
スロージン 10ml ／レモンジュース（果汁）10ml

氷を入れたシェイカーにサザンカンフォート、アマレット、スロージン、レモンジュースを入れてシェイクし、ショットグラスに注いで完成。

イエッネMEMO

甘いのが苦手でさっぱり飲みたいなという方に飲んでほしいショットカクテルです。もちろん甘味はあるのですが、スロージンとレモンジュースの酸味があるぶん、後味がさっぱりしていて、飲みやすいでしょう。

パープル・ニップル

 強い　　さっぱり　　オール

[材料]
イエーガーマイスター 15ml ／ミドリ 15ml ／
オレンジジュース 15ml ／クランベリージュース 30ml

イエーガーマイスター、ミドリ、オレンジジュース、クランベリージュースを氷と一緒にシェイカー入れてシェイクし、ショットグラスに注いで完成。

イエッネMEMO

ショットカクテルはイエーガーショットなどに代表されるように、気付けの意味合いがあります。ただ、イエーガーショットだけだと苦くて飲めない方も多いと思います。こちらのカクテルは、イエーガーマイスターにミドリとオレンジジュースとクランベリージュースが入っているため、すごくフルーティーになります。飲みやすくしたイエーガーショットと言ってもいいかもしれませんね。

気付けの一杯がナゼこんなに飲みやすい？

メロンと生クリーム、名作級の異星間交流

イー・ティー

普通　甘口　オール

[材料]
ミドリ 15ml ／ベイリーズ 15ml ／ウォッカ 15ml

ミドリ、ベイリーズ、ウォッカを氷と一緒にシェイクし、ショットグラスに注いで完成。

イエツネMEMO

ミドリ×ベイリーズはメロンと生クリームなので外しようのない組み合わせです。そこにウォッカを入れることで強さを出しています。海外に多い、甘いショットカクテルの代表格です。1982年公開のアメリカの SF 映画「E.T.」にちなんだ名称となっています。

アイルランド・ブルーシューター

普通　甘口　オール

[材料]
ミドリ 30ml ／ウォッカ 30ml ／レッドブル 30ml

ミドリ、ウォッカをショットグラスに注ぎ、その上からレッドブルをグラスいっぱいまで注いで軽く混ぜて完成。または、レッドブルの炭酸を抜いて、材料をシェイクしてグラスに注いでも OK。

イエツネMEMO

レッドブルウォッカにショット名物の甘さ（ミドリ）を加えて飲みやすくしたカクテルです。アイルランドの名前がついていますが、いかにもアメリカンな一杯です。作り方を 2 種類紹介していますが、ショットなのでレッドブルの炭酸を抜いてシェイクしたほうが飲みやすいと思います。

アメリカン・エナジーを闘魂注入

ちょいたし　イエーガーマイスターは「狩人の守護聖人」を意味していて、ボトルには雄シカが描かれています。

199

甘美な「南海の記憶」を

パールハーバー

 普通　 甘口　 オール

[材料]
ミドリ 40ml ／ウォッカ 20ml ／
パイナップルジュース 15ml

氷を入れたシェイカーにミドリ、ウォッカ、パイナップルジュースを入れてシェイクし、ショットグラスに注いで完成。

イエツネMEMO

こちらはシェイクしてカクテルグラスでお出しするバーテンダーさんが多いと思います。ただ、味的にはショット向きかなと思って、今回はショットカクテルとして紹介させてもらいました。相性のいいミドリ×パイナップルの組み合わせに、ウォッカでアルコール度数を上げて、ショットを楽しめるようにした一杯です。

マスターのひとりごと

世界で人気爆発中のピスコ！

160ページで「ピスコ・サワー」を紹介しましたが、このカクテルによって、ピスコは今もっとも世界で人気を集めるお酒の一つとなりました。

ピスコはブドウ100％で作られる蒸留酒で、糖質ゼロなのでダイエットにも嬉しいお酒です。ブドウから作られるお酒といえばブランデーですが、ブランデーは樽熟成するため木の色がついて茶色になります。一方のピスコはステンレスで熟成されるため無色。生産地のペルーでは神の美酒と呼ばれる、国民的なお酒です。

誕生は16世紀に遡ります。当時のペルーはスペインの植民地。ワインの生産をしていたスペインは、植民地のペルーにもブドウ畑を作り、ワインを生産させました。ところがペルーの気候はスペインよりもブドウの生産に適していて、スペイン産よりも美味しいワインができてしまい、スペインのワイン作業を圧迫するという皮肉な結果になりました。

そこでスペインはペルーのワイン生産を禁止にします。ペルーはブドウ畑があるのにワインを作れなくなり、これで蒸留酒を作ろうと考えて生み出されたのがピスコでした。ブドウの品種3種類以上をブレンドしたものを「アチョラード」と言い、これが美味しいピスコの条件とされます。ちなみに1種類のブドウで作るものは「プーロ」と言います。

幸せを約束された「ノンアルの代表格」

シャーリー・テンプル

なし｜甘さっぱり｜オール

[材料]
グレナディンシロップ 20ml ／
ジンジャーエール適量／かつらむきにしたレモン

氷 の入ったグラスにグレナディンシロップを入れて、炭酸が飛ばないようにジンジャーエールを注ぎ、軽く混ぜる。最後にかつらむきにしたレモン皮を飾る。

イエツネMEMO

ノンアルコールカクテルの代表格です。ノンアルコールカクテルと言ったらシャーリー・テンプルです。1930 年代の名子役として知られるシャーリー・テンプルにちなんで名付けられたもので、グレナディンシロップのジンジャーエール割りなので、甘さっぱりで飲みやすいです。

サラトガクーラー

なし｜さっぱり｜オール

[材料]
ライムジュース 20ml ／シロップ 1tsp ／
ジンジャーエール適量／スライスレモン

ラ イムジュース、シロップを氷の入ったグラスに注ぎ、その上から炭酸が飛ばないようにジンジャーエールをゆっくり注ぎ、軽く混ぜる。最後にスライスレモンを入れて完成。

甘さひかえめの本格風味はコチラ

イエツネMEMO

シャーリー・テンプルはグレナディンシロップを 20ml 入れているので、甘さが強くなります。一方、こちらのサラトガクーラーの甘味はライムジュースと 1tsp のシロップだけなので、かなりさっぱりしています。カクテルっぽさも感じることができるので、さっぱりと飲みたい方にオススメです。

姫君にはフレッシュジュースだけをご用意

シンデレラ

`なし` `甘さっぱり` `オール`

[材料]
オレンジジュース 20ml ／パイナップルジュース 20ml ／
レモンジュース 20ml ／マラスキーノ・チェリー、ミントなど

シ　エイカーに氷とオレンジジュース、パイナップルジュース、レモンジュースを入れてシェイクし、グラスに注ぐ。お好みでマラスキーノ・チェリーやミントを飾る。

イエツネMEMO

名前はもちろん童話「シンデレラ」にちなんだものです。作るのは意外と難しく、ポイントはオレンジ、パイナップル、レモンはすべてフレッシュジュースを使用することです。既製品のジュースとフレッシュジュースを混ぜてしまうと、味に差が出てしまいます。過去にバランスを失敗して、お客様が残してしまったことがありました。今は果物を味見してからシロップを追加したり、ジュースの分量を研究したりして作っています。

バージン・ブリーズ

`なし` `さっぱり` `オール`

[材料]
クランベリージュース 90ml ／
グレープフルーツジュース 90ml ／スライスレモン

ク　ラッシュアイスを入れたグラスにグレープフルーツジュースを入れ、次にクランベリージュースを注ぎ、最後にスライスレモンを入れる。飲むときはストローで混ぜながら飲む。

「甘さひかえめの風」に吹かれよう

イエツネMEMO

ウォッカベースのシーブリーズというカクテルから、ウォッカを抜いたノンアルコールカクテルです。ノンアルコールカクテルというと甘いものが多い中、バージン・ブリーズはさっぱりした飲み口です。見た目にも鮮やかなのでカクテル気分を味わうのにも適しているでしょう。

フルーツ・パンチ

| なし | 甘口 | オール |

[材料]
パイナップルジュース 90ml ／オレンジジュース 60ml ／
マンゴージュース 30ml ／グレナディン 5ml ／イチゴなど

パイナップルジュース、オレンジジュース、マンゴージュース、グレナディンをフローサーで混ぜ込み、氷と一緒にシェイカーに入れてシェイクする。クラッシュアイスの入ったグラスに注ぎ、お好みでイチゴや花で飾りつけをして完成。

イエツネMEMO

見た目の通り、フルーティーでトロピカルです。バーで飲むフルーツ・パンチと考えてもらえば良いと思います。見た目にも華やかなのでアルコールが入っていなくても、テンションも上がるノンアルコールカクテルです。

プッシー・フット

| なし | 甘口 | オール |

[材料]
パイナップルジュース 90ml ／オレンジジュース 60ml ／
マンゴージュース 30ml ／グレナディン 5ml ／
卵黄1個／イチゴなど

卵黄はフローサーで溶かし、パイナップルジュース、オレンジジュース、マンゴージュース、グレナディンとともに氷を入れたシェイカーでシェイクし、グラスに注ぐ。

イエツネMEMO

素材的にはフルーツ・パンチ同様、フルーティーですが、卵黄が入ることによってコクが加わり、カクテルっぽさが増しています。もしかしたら、言われなければノンアルコールだと気づかない場合もあるかもしれません。カクテル気分を味わいたい方はぜひ。

ICE BOXがウマさの立役者

キウイスカッシュ

なし｜甘さっぱり｜オール

[材料]
キウイシロップ 30ml ／グレープフルーツジュース 45ml ／
ジンジャーエール適量／
アイスボックス（グレープフルーツ味）／キウイ

グラスに1個分のキウイを入れて潰す。その上からキウイシロップとグレープフルーツジュースを入れてよく混ぜる。混ざったらクラッシュアイスを入れて、ここでもう一度混ぜる。キウイの果肉が万遍なく広がるようにしてからジンジャーエールを注ぐ。グラスのどの位置からでもキウイが見えるように混ぜ込む。最後にアイスボックスを乗せて完成。

イェッネMEMO

こちらは僕のオリジナルカクテルです。クラッシュアイスだけだと溶けて味が薄まってしまうので、**アイスボックスを半分入れること**によって、グレープフルーツの味も入るので最後まで美味しく味わえます。

ノンアル・シンガポールスリング

なし｜甘さっぱり｜オール

[材料]
パイナップルジュース 120ml ／
ライムジュース 15ml ／グレナディン 15ml ／
アンゴスチュラビターズ 1dash ／
ドライパイン、レッドチェリーなど

パイナップルジュース、ライムジュース、グレナディン、アンゴスチュラビターズを氷と一緒にシェイクし、氷の入ったグラスに注ぐ。お好みでレッドチェリー、ドライパインなどを飾る。

イェッネMEMO

超有名カクテル・シンガポールスリングのノンアルコールバージョンです。見た目にはまったくノンアルコールだとはわからないので、**お酒が飲めない方でもバーで注文すると**テンションが上がるのではないでしょうか。

「エキゾチックなムード」に身を焦がして

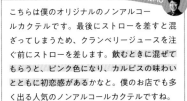
かわいらしさ担当、でもない

ピーチ・クーラー

なし | 甘口 | オール

[材料]
パイナップルジュース 90ml ／オレンジジュース 45ml ／
モナンイチゴシロップ 40ml ／ジンジャーエール適量／
レモン、チェリー、パイナップル、花など

シェイカーにパイナップルジュース、オレンジジュース、モナンイチゴシロップを氷と一緒に入れてシェイクし、氷の入ったグラスに注ぐ。その上からゆっくりとジンジャーエールを入れて軽く混ぜる。お好みで花やレモンなどを飾る。

イエツネMEMO

ジュースやシロップだけだとどうしても甘くなりがちです。後からジンジャーエールを加えることで、ただ甘いだけではなくて、複雑な味がして炭酸もあるので、カクテル感を味わえるでしょう。素材の組み合わせも良く、誰でも美味しく飲めます。

初恋

なし | 甘口 | オール

[材料]
カルピス 30ml ／クランベリージュース 90ml ／
ミックスベリー、ミントなど

グラスにカルピスを入れて、その上にクラッシュアイスを入れる。この状態でストローを入れる。その上からゆっくりとクランベリージュースを注ぐ。クランベリージュースはカルピスより軽いので層ができる。最後にミックスベリーやミントなどを飾って完成。

イエツネMEMO

こちらは僕のオリジナルのノンアルコールカクテルです。最後にストローを差すと混ざってしまうため、クランベリージュースを注ぐ前にストローを差します。飲むときに混ぜてもらうと、ピンク色になり、カルピスの味わいとともに初恋感があるかなと。僕のお店でも多く出る人気のノンアルコールカクテルですね。

忘れかけていた思い出も一口でよみがえる？

300 万円を元手にスタートした海鮮丼屋は、うまくいきませんでした。漁師の仕事のつながりで、市場に出なかった魚を使えば実質タダだからということで、激安海鮮丼をウリにしていたのですが、魚が足りないときは買わなければいけません。そうすると、定価 580 円で原価は 500 円みたいなことが起こってしまい、利益がまったく出ないこともありました。

早朝から魚を集め、夜遅くまでお店を営業していたため、睡眠時間は一日平均 3 時間程度。働いても利益が出ない辛さと睡眠不足の影響もあって、あるとき、居眠り運転をしてしまいました。あわや！という死にかける経験をしたことに機に、方向転換します。

「自分はバーテンダーだ」ということを思い出し、海鮮バー居酒屋というスタイルに変えたところ、これがヒットして、予約をしないと入れない繁盛店となりました。

軌道に乗ったのも束の間、人がたくさん集まることで周辺住民からの苦情が毎日のようにくるようになり、お店を移転することにしました。そして見つけたのが現在の「ANCHOR」がある場所です。

築 80 年くらいの古民家をリノベーションしたのですが、実はこの場所は「呪われる」という噂があるいわくつきの物件で、人が入って来ないからとかなり安値で売りに出ていたのです。僕はそんな噂も知らずに入って、呪われるどころか、今治のお魚を食べることができて、バーのようにお酒が飲めるいうことで、お店は大繁盛しました。

大繁盛して多忙な日々が続く中で、やってきたのがコロナです。お店の営業ができなかったり、営業してもお客さんが来なかったりで、完全に「終わった」と思いました。

そうした中、お店に来ることができない常連さんのために、家でできるカクテルの作り方の動画を撮って、YouTube にアップしてリンクを送りました。これが大好評で、しかもお店の営業ができずにヒマだったことから、YouTube チャンネルを立ち上げたのです。

元々はお店に来られなくなった常連さんのために始めた YouTube をたくさんの人に見てもらうことができ、こうして出版の話までいただくようになりました。本当に人生は何が起こるかわからないなということを深く実感しています。

Chapter

8

目を閉じればソコは…
有名店ワープ体感オリジナル

この章では横浜にある
ダイニングバー「Newjack」で提供されている、
人気カクテルや BAR 新宿ウイスキーサロン静谷和典氏の
オリジナルカクテルを紹介します

きゅうりが味の決め手のジントニック

ニュージャック ジントニック

弱め ／ さっぱり ／ オール

[材料]
キューカンバー・ジン 30ml ／
ライムジュース 1tsp ／
トニックウォーター 120ml ／
セロリ・ビターズ 2dash ／スライスきゅうり

氷 の入ったグラスに自家製のキューカンバー・ジン、ライムジュース、トニックウォーターを入れて軽くかき混ぜる。セロリ・ビターズ、スライスきゅうりを入れて完成。

Newjack MEMO

きゅうりとセロリを使ったフレッシュでフルーティーな香りのするさっぱり目のジントニックです。オープン当時から提供しているシグネチャーカクテルです。ジンにきゅうりを漬け込んだ自家製のキューカンバー・ジンを使用しています。

マリーゴールドと 麦わら帽子のジントニック

弱め ／ さっぱり ／ オール

[材料]
マリーゴールド・ジン 30ml ／
エルダーフラワー・トニックウォーター 120ml ／
マリーゴールド・スプレー 2PUSH

自 家製のマリーゴールド・ジンを氷の入ったグラスに注ぎ、氷に当たらないようにエルダーフラワー・トニックウォーターを注ぎ入れて軽くかき混ぜる。マリーゴールド・スプレーを 2PUSH して、麦わら帽子をかぶせて完成。

Newjack MEMO

ハーバルな香りのマリーゴールドの茎を乾燥させて漬け込んでジンを作る。マリーゴールドといえば、歌手のあいみょんを連想するので、歌の歌詞から麦わら帽子をかぶせた、あいみょんインスパイアカクテルです。

麦わらの〜♪ あいみょんインスパイアカクテル

ありそうでなかった "カクテルの王様"

マティーニ・ジンソニック

〔弱め〕　〔辛口〕　〔オール〕

[材料]

オリーブ・ジン 30ml ／ドライベルモット 10ml ／
メディタレーニアン・トニックウォーター 50ml ／
ソーダ 50ml ／オリーブ・ビターズ 2dash ／オリーブ

塩 抜きしたオリーブをスライスして乾燥させて
ジンに漬け込んで自家製のオリーブ・ジン
を作る。そのオリーブ・ジン、ドライベルモットを
氷の入ったグラスに注ぎ、その上から氷に当たらな
いようにゆっくりとトニックウォーター、ソーダを
注ぎ入れ、軽くかき混ぜる。オリーブ・ビターズを
2 振りして、オリーブを飾る。

Newjack MEMO

カクテルの王様と呼ばれるマティーニは
アルコール度数が高いため、抵抗のある方もい
ると思います。そういう方にも飲んでいただけ
るようなドライ目のジントニックです。オリー
ブの味を特別な方法でマティーニに移した、あ
りそうでなかった新しいカクテルの王様です。

メロンクリーム・
ジンソニック

〔弱め〕　〔甘さっぱり〕　〔オール〕

[材料]

フルーツ・ジン 30ml ／メロンリキュール 15ml ／
トニックウォーター 45ml ／ソーダ 45ml ／
マラスキーノ・チェリー／カモミール・エスプーマ

フ ルーツをジンに漬け込んだ自家製のフ
ルーツ・ジン、メロンリキュールを氷
の入ったグラスに注ぎ、その上からトニック
ウォーター、ソーダを注ぎ入れ、軽くかき混
ぜる。マラスキーノ・チェリーを入れ、最後
にエスプーマを乗せて完成。

Newjack MEMO

ジンに漬け込んでいるフルーツは、マンゴー、パイ
ナップル、オレンジです。メロンリキュールと合わせてメロ
ンソーダ風のものを作って、上にはクリームに見立てたカモ
ミールのエスプーマ(泡)を乗せています。エスプーマはクリー
ムほど甘くなく、さっぱりした仕上がりになっています。

メロンソーダ気分で味わえる

独特な香りを楽しめるコーヒー味のジントニック

トンカ＆
コーヒー・トニック

弱め　さっぱり　オール

[材料]
トンカ＆コーヒー・ジン 30ml ／
トニックウォーター 120ml

氷の入ったグラスに自家製のコーヒー・ジンを入れて、トニックウォーターを注いで軽くかき混ぜる。最後にコーヒービーンズを飾って完成。

Newjack MEMO

トンカビーンズという桜餅のような香りがする豆とコーヒーを漬け込んでトンカ＆コーヒー・ジンを作ります。トンカビーンズの独特な香りとコーヒーのマリアージュがある、コーヒー味のジントニックです。

ピーチメルバ＆
ビーツ・トニック

弱め　甘口　オール

[材料]
ピーチメルバ＆ビーツ・ジン 30ml ／
エルダーフラワー・トニックウォーター 120ml

自家製のピーチメルバ＆ビーツ・ジンを氷の入ったグラスに注ぎ、その上から氷に当たらないようにゆっくりエルダーフラワー・トニックウォーターを注ぎ入れ、軽くかき混ぜる。

Newjack MEMO

スーパーフードと呼ばれるビーツと、ピーチメルバと呼ばれるバニラのような甘い香りがする紅茶、そしてハイビスカスを漬け込んでピーチメルバ＆ビーツ・ジンを作ります。甘めで、ビーツの美容効果も期待できるため、女性向けのカクテルです。

美容効果も期待できる女性向けカクテル

外国人向けの和風カクテル

柚子と抹茶の
ジントニック

〔 弱め 〕　〔 さっぱり 〕　〔 オール 〕

[材料]
ユズ・ジン 30ml ／抹茶パウダー 1tsp ／
トニックウォーター 120ml

氷 の入ったシェイカーに自家製のユズ・ジン、抹茶パウダーを入れ、シェイクし、氷の入ったグラスに注ぐ。ゆっくりトニックウォーターを注ぎ入れ、軽くかき混ぜて完成。

Newjack MEMO

柚子の皮を漬け込んだ自家製のジンを作り、そこに抹茶パウダーを加えて、日本風のジントニックに仕上げています。升に入れて提供することで、より日本らしさを演出しています。外国人のお客様は日本文化に興味を持って来てくれるので、こうした和風のカクテルを提供すると喜んで召し上がってくれます。

バンブーシェリー・
トニック

〔 弱め 〕　〔 辛口 〕　〔 オール 〕

[材料]
ドライジン 10ml ／ドライベルモット 10ml ／
フィノ・シェリー 30ml ／トニックウォーター 60ml ／ソーダ 60ml

氷 の入ったグラスにドライジン、ドライベルモット、フィノ・シェリーを注ぎ、その上からトニックウォーター、ソーダをゆっくり注いで軽くかき混ぜる。最後に笹の葉を飾って完成。

Newjack MEMO

本書でも紹介されているようにシェリー酒とベルモットを使う「バンブー」という横浜生まれのカクテルがあります。Newjack は横浜にある店なので横浜生まれのカクテルを取り入れました。横浜らしさを表現するカクテルです。バンブーは「竹」という意味なので、ガーニッシュに笹を入れています。

横浜らしさを表現！

可愛らしさ＋味覚最高得点

アドーラブル

普通　　甘口　　オール

[材料]
キューカンバー・ジン 35ml ／ピーチリキュール 15ml ／
エルダーフラワー・シロップ 10ml ／
レモンジュース 20ml ／卵白 30ml

氷を入れたシェイカーにキューカンバー・ジン、ピーチリキュール、エルダーフラワー・シロップ、レモンジュース、卵白を入れてよくシェイクし、グラスに注ぐ。最後にドライレモンと花を飾って完成。

Newjack MEMO

「Newjack」オーナー山本圭介氏が 2014 年にフレアバーテンディングのコンペティションで優勝し、味覚最高得点を獲得した作品です。「アドーラブル」は英語で「可愛らしい」という意味があります。味わい的にもきゅうり、エルダーフラワー、ピーチ、卵白とフルーティーで相性の良い組み合わせで飲みやすく、女性が好むカクテルです。

グラッツェ・アッラ・ナチューラ

普通　　甘さっぱり　　オール

[材料]
ディサローノ 30ml ／グラッパ 10ml ／
クリア・カプレーゼ・ウォーター 50ml ／
アクアファーバ 15ml ／クエン酸 1g

トマト、ホエイ、バジルを使って自家製のクリアなカプレーゼ・ウォーターを作る。その他の材料と一緒にシェイクしてグラスに注ぐ。最後にカプレーゼチップ、アーモンドチーズ、バジルを添えて完成。

Newjack MEMO

2021 年に Newjack 店長の浅葉哲広氏が SDGs を意識した素材を使用しカクテルを創作する『ディサローノ サステナブル・カクテルコンペティション』にてドルチェ ヴィータ賞を受賞したカクテル。飲むカプレーゼのイメージです。食材をムダにしないというコンペティションのテーマに沿って、ひよこ豆缶の汁やカプレーゼ・ウォーターを作る際に使用したトマトも再利用しています。

SDGsを意識した環境にやさしい一杯

[材料]
アップル・シナモン・バーボン 45ml ／
ディサローノ・アマレット 15ml ／
チョコレートビターズ 3dash

リンゴとシナモンを漬け込んだバーボンにアマレットを入れて、そこに自家製の苦味のあるチョコレートビターズを 3dash 加えてよく混ぜる。最後にシナモンでスモークして香りをつけて氷の入ったロックグラスに注ぐ。

Newjack MEMO

世界的に有名なオールドファッションドとゴッドファーザーのツイストカクテルです。「BUDDHA BRAND（ブッダ・ブランド）」という日本のヒップホップユニットのパロディのような部分もあり、Newjack というお店も「ニュージャックスウィング」という音楽のジャンルからとっているので、そうしたつながりから命名させてもらっています。

見た目も味もニュー・ファッション

ブッダ・ブランド・ニュー・ファッション

213

自家製ミルクパンチとエスジー焼酎のダブルパンチ

ミルクパンチ

普通　　　甘口　　　オール

[材料]
The SG Shochu KOME 25ml ／
ミルクパンチ 60ml ／ドライパイナップル

ックグラスに氷を入れて、そこに自家製のミルクパンチと The SG Shochu KOME を入れてかき混ぜる。最後にドライパイナップルを飾る。

Newjack MEMO

パイナップルやパッションフルーツと、様々なスパイスをブレンダーで一気に混ぜ、そこにココナッツミルクを加えて分離させます。そうするとヨーグルトを作るような感覚で、上側にクリアな液体できるので、それをこして自家製のミルクパンチを作ります。よりエキスが抽出されて濃厚かつ、さらっとした飲みやすいものになっています。見た目はクリアですが、実はいろいろなものが含まれています。

ビーズニーズ

普通　　　甘さっぱり　　　オール

[材料]
ボビーズ・ジン 30ml ／ビーフィーター・ジン 15ml ／
レモンジュース 20ml ／はちみつ 10ml ／
シンプル・シロップ 1tsp ／ゆず茶 2tsp

エイカーに氷とボビーズ・ジン、ビーフィーター・ジン、レモンジュース、はちみつ、シロップ、ゆず茶を入れてシェイクし、グラスに注ぐ。最後にレモンピールを飾って完成。

Newjack MEMO

こちらは禁酒法時代に流行ったカクテルの一つで、「最高」という意味があります。本来はジン、レモンジュース、はちみつのシンプルなカクテルなのですが、そこにゆず茶を入れてアレンジしています。京都に系列店の「ビーズニーズ」という禁酒法をテーマにしたバーがあります。京都は外国人のお客様が多いので、日本テイストの「ビーズニーズ」として、一番人気を集めています。

日本テイストの「最高」を

フレンチバード

シャネルNo.5をまとった魅力的な女性を表現

やや強い　甘さっぱり　オール

[材料]
バタフライピー・ジン 30ml ／
シンプル・シロップ 10ml ／
レモンジュース 15ml ／
ノルデス・ジン 3ml ／プロセッコ 30ml

　プロセッコを除く材料を氷と一緒にシェイ
　カーに入れてシェイクする。そこにプロ
セッコを注いでバードグラスに移して完成。

 Newjack MEMO

「フレンチ75」という有名なカクテルのツ
イストカクテルです。バタフライピーというタイ
のハーブティーを使用しています。本来は青いお
茶ですがレモンなど酸を入れると紫色に変化しま
す。「バード」という名称にちなんで鳥のグラス
を使用して羽をつけています。羽にはシャネルNo.
5の香水を振りかけています。バードは女性を意
味するので、「シャネルNo.5をまとったフランス
の魅力的な女」というイメージのカクテルです。

グイっと飲めるピニャコラーダ

トロピック・コラーダ

弱め　甘さっぱり　オール

[材料]
ホワイトラム 20ml ／ミルクパンチ 60ml ／
トニックウォーター 45ml

ホ ワイトラム、ミルクパンチ、トニックウォーターを氷を入れたパイナップルカップに注ぐ。ドライパイナップル、エディブルフラワーを飾って完成。

Newjack MEMO

ピニャコラーダのツイストカクテルです。ミルクパンチにラムとトニックウォーターを入れて、甘くて飲みやすいピニャコラーダに仕上げています。ピニャコラーダはラム、パイナップルココナッツミルクが入った甘いカクテルですが、こちらは一度ミルクパンチにしているので、よりクリアになっていて、そこにトニックウォーターも加えるのでクイっと飲めるカクテルです。

ドゥーワップ・ジャスミン・パンチ

弱め　さっぱり　オール

[材料]
ドライジン 20ml ／梅酒 15ml ／
ライチ・シロップ 10ml ／
ジャスミン茶 60ml ／ノルデス・ジン 1ml

シ エイカーにドライジンと梅酒、自家製ライチ・シロップ、ジャスミン茶、ノルデスジンを入れてスローイング。氷の入ったワイングラスに注ぐ。エルダーフラワーを飾って完成。

Newjack MEMO

レゲエパンチのツイストカクテルです。レゲエパンチはいわゆるピーチウーロンなので、あまりお酒が得意ではない方に人気です。ウーロン茶をジャスミン茶に変えて、ピーチは使わずにジンと梅酒と自家製のライチ・シロップで作っています。低アルコールでお酒が苦手な方でも楽しめる、酸味がなく華やかな一杯です。

ウーロンをジャスミンに

パローマに日本のエッセンスを混入

パローマ・ハポン

弱め　さっぱり　オール

[材料]
パローマ・ミックス 110ml（材料＝ピンクグレープフルーツジュース、オレンジジュース、レモンジュース、煎茶、ジャスミン茶、アガベシロップ、シュガーシロップをアガーウォッシュし、テキーラを加える）／
トニックウォーター 30ml／ソーダ 30ml

味 変を楽しめるようにグラスのフチにゆかりをつけたグラスに氷を入れ、自家製のパローマ・ミックスとトニックウォーター、ソーダを注ぎ入れて軽くかき混ぜる。

Newjack MEMO

メキシコでよく飲まれているパローマに日本のエッセンスを混ぜたエキゾチックなカクテルです。ピンクグレープフルーツ、オレンジジュース、煎茶、ジャスミン茶、レモン、アガベから採れるシロップをアガーウォッシュにしてパローマ・ミックスにします。煎茶やゆかりで日本の要素を取り入れているのがポイントです。「ハポン」はスペイン語で「日本」のことです。

ジューン・バグ 2.0

普通　甘口　オール

[材料]
ジン 20ml／ジューン・バグ・ミックス 80ml（材料＝ココナッツリキュール、メロンリキュール、バナナ・リキュール、パイナップルジュース、グレープフルーツジュース、レモンジュース、レモングラス、レモンバーム、シュガーシロップをアガーウォッシュ）

キシンググラスでジン、ジューン・バグ・ミックスをステアして氷を入れたロックグラスに注ぐ。氷の上に虫グミを飾って完成。

自家製ジューン・バグが味のポイント

Newjack MEMO

90 年代にアメリカのレストラン＆バー「TGI Fridays」の韓国店で生まれたカクテルを現代風にアレンジしたトロピカルな一杯です。ココナッツのお酒、メロンのお酒、パイナップル、レモンなどをアガーウォッシュして作った自家製のジューン・バグ・ミックスを使います。ちなみに「ジューン・バグ」とは緑色をした小金虫のような甲虫のことです。

ニュージャックサワー

〈 普通 〉 〈 甘口 〉 〈 オール 〉

[材料]
ハリボー・ジン 30ml ／ピーチ・ブランデー 5ml ／
エルダーフラワー・リキュール 10ml ／
アーモンド・シロップ 10ml ／レモンジュース 20ml ／
ペイショーズ・ビターズ 5dash ／
ペルノ 3dash ／卵白 30ml

ヨーロッパで人気のお菓子ハリボーを使った自家製のハリボー・ジンとその他の材料をシェイクし、グラスに注ぐ。最後に表面に「NEW JACK」の文字を描いて完成。

Newjack MEMO

クローバークラブというカクテルのツイストカクテルです。ヨーロッパで人気のハリボーグミをジンに漬けこんで溶かして、ハリボー・ジンを作ります。こちらを使用し、お菓子の甘さを表現した、サワースタイルのカクテルです。ちなみにニュージャックにはスラングで「ひよっこ」の意味があります。

ハーバル・ジントニック

〈 なし 〉 〈 さっぱり 〉 〈 オール 〉

[材料]
ノンアルコールジン・ネマ 0.00% スタンダード 30ml ／
メディタレーニアン・トニックウォーター 120ml ／
カモミール・エスプーマ

氷の入ったグラスにノンアルコールジン・ネマ 0.00% スタンダードとトニックウォーターを注ぎ、軽くかき混ぜる。その上にカモミール・エスプーマを乗せて完成。

Newjack MEMO

横浜にある「Cocktail Bar Nemanja」の北條智之氏が手掛けたノンアルコールジンを使用した、ノンアルコールのジントニックになります。フローラルなノンアルコールジンにカモミールのエスプーマを乗せたハーバルな一杯です。ノンアルコールなので車の運転がある方でも飲めて、本格的なカクテル気分を味わえます。

二つのザ・グレンリベットで二丁拳銃

The Two Pistols
（二丁の拳銃）

普通　　さっぱり　　オール

- -

［材料］
ザ・グレンリベット（12年）40ml ／
ザ・グレンリベット（14年）5ml（注射器に入れる）／
ソーダUP ／ドライアップル

氷 を入れたグラスにザ・グレンリベット12年を入れ、ソーダでグラスを満たす。注射器にザ・グレンリベット14年を入れ、ドライアップルを飾って完成。注射器のザ・グレンリベット14年をフロートさせながら飲む。

イエッネMEMO

BAR新宿ウイスキーサロンを経営するマスターオブウイスキー・静谷和典氏のオリジナルカクテル。酒税法の改正を受け政府公認第一号蒸溜所に指定されたザ・グレンリベット蒸溜所は、かつての密造仲間から幾度となく命を狙われることになります。その護身用として二丁の拳銃を常に持ち歩いていたことにカクテル名は由来します。二つのザ・グレンリベットを使い、二丁の拳銃をイメージしました。

ミチョプール

普通　　やや甘　　オール

- -

［材料］
ジン（サイレントプール推奨）40ml ／美酢（ミチョ）ざくろ15ml ／
フィーバーツリーエルダーフラワートニックウォーターUP ／
エディブルフラワー／ボンビージャ（ストローで代用可）

ジ ン、美酢（ミチョ）ざくろ、フィーバーツリーエルダーフラワートニックウォーターをグラスに入れて軽く混ぜる。ガーニッシュのエディブルフラワー、ボンビージャ、ストローを飾って完成。

イエッネMEMO

同じく、静谷氏のオリジナルカクテル。「体の内側から美しく綺麗になっていただきたい」。そんな思いで創作されたカクテルで、英国のプレミアムジン『サイレントプール ジン』の日本で初めてのカクテルコンペティション『#3 アイテムチャレンジ』にて入賞した作品。フローラルで香り高いサイレントプールジンの魅力を最大限に引き立てた、再現性の高い「シンプルだけど美しい -Simple Beauty-」カクテル。

体の中から美しくなれる！

おわりに

最後まで読んでいただき、ありがとうございました。カクテルを作ってみたい！という気持ちになったでしょうか？

本書では300種類のレシピを紹介し、誌面に掲載した（P32-33）二次元コードからはカクテルの手法の動画を見ることもできるので、見よう見まねからでもカクテル作りを始められるようになっています。

本書には、読者の皆さんに、気軽にご家庭でカクテル作りを楽しんでもらいたいということに加えて、もう一つのテーマがあります。それは実際にバーに行って、カクテルを楽しんでほしいということです。自分で作ったカクテルと、プロのバーテンダーが作るカクテルを比較してみるのも楽しいものです。

たとえばギムレットというシェイクで作るカクテルがあります（P135掲載）。これはシェイクの技術の差がすごく出るカクテルなので、自分で作ってみると、あまり美味しくないと感じると思います。ところが、有名なバーに行ってギムレットを飲んでもらったら、その違いに驚くはずです。バーテンダーさんに作り方のポイントを聞いたりし

て、アレンジしてみると、スキルはどんどん上がっていきます。そんな楽しみ方もしてもらえると嬉しいです。

本書の中では僕のこれまでの歩みも紹介させてもらっていますが、バーによって人生が豊かになり、バーに救われてきた人生でした。そのため、バー業界に恩返しをしたいという思いは常に持っていました。このカクテルブックをきっかけに、読者の皆さまにカクテルに興味を持っていただき、あのカクテルを飲んでみたい、バーに行ってみたいと思ってもらえたら、本当に嬉しく思います。

最後になりますが、本書に掲載する300杯のカクテルの作成、撮影にあたっては、Newjack様に多大なるご協力をいただき、感謝は尽きません。本当にありがとうございました。そして、本書の制作にあたって、ご尽力、ご協力いただきました、すべての皆様に心より感謝いたします。

カクテルのレシピは無限です。紹介した300のレシピを参考に、301杯目はぜひ自分だけの一杯を楽しんでみてください。

マスターイエツネ

著者
マスターイエツネ

マスターのお店
「Cocktail Bar ANCHOR」
【住所】愛媛県今治市
　　　　恵美須町1-1-17
【HP】https://anchor-b.com
【定休日】日・祝日
【営業時間】
　　　月〜土　18:00〜25:00

〈取材協力〉
Dining & Flair Bar Newjack

【住所】神奈川県横浜市神奈川区鶴屋町2-19山本ビル4F
【HP】https://new-jack.jp
【定休日】第一日曜日
【営業時間】月～日　18:00～25:00

マスターイエツネ

香川県生まれ。高校卒業後、名古屋外国語大学に通いながら、バーテンダーとして勤務。
2005年、レッドベアフレアオープン5位入賞。2007年、世界大会マルソウカップ準優勝。
2008年、シーバスリーガルカクテルコンペ全国3位など、カクテルコンペにて知名度を上げる。2015年、愛媛県今治市に自身が運営するバー『ANCHOR』をオープン。2020年9月、YouTubeチャンネル『プロのお酒塾 マスターイエツネ』を開設、テンポよい語りと業界の深い部分に切り込む姿勢が人気を博し、登録者は13万超（2023年7月時点）。「お酒で人生を楽しく」をモットーに情報発信を行っている。好きなものはプロレス。青年期はタイガーマスクに憧れ、メキシコに飛んで「ルチャリブレ」（メキシコプロレス）入門を真剣に悩んだほど。

神カクテル300
基本法則と黄金レシピで「テキトー分量」でも鬼ウマ！

2023年9月29日　初版発行

著者／マスターイエツネ

発行者／山下　直久

発行／株式会社KADOKAWA
〒102-8177　東京都千代田区富士見2-13-3
電話　0570-002-301(ナビダイヤル)

印刷所／図書印刷株式会社

製本所／図書印刷株式会社

●お問い合わせ
https://www.kadokawa.co.jp/（「お問い合わせ」へお進みください）
※内容によっては、お答えできない場合があります。
※サポートは日本国内のみとさせていただきます。
※Japanese text only

定価はカバーに表示してあります。